変化できる人

人は誰でも、
何歳でも
変わることができる

赤羽雄二

はじめに

「変化できる人」は一生困らない……8

第1章

「変化できる人」とは……21

はじめに
「変化できる人」は一生困らない

AI、ロボット、ブロックチェーンが仕事をなくす

今後5～10年の間に、仕事の種類が大きく変わっていきます。AI、ロボット、自動運転、ブロックチェーン、IoT、ビッグデータなどの発展で、多くの仕事がなくなっていくか、集約され、置き換えられていくからです。

その昔、自動車が馬車を置き換えたために御者も馬も必要がなくなったのと同じです。また、ガス灯に火をつけたり磨いたりする仕事が不要となり、電話交換手の仕事がデジタルに置き換えられ、受付の仕事もどんどんなくなりつつあるのと同じです。

なので、これまでと同じように対応できる、それほど心配することはない、とお考えだとしたら、大きな落とし穴があります。これまでは、仕事が機械に置き換えられても、機械のオペレーターやメンテナンスの仕事が新たに生まれるので、新しい仕事につくことがある程度はできました。

ところが、AIやロボットがいよいよ実用化されると、人が下す判断や作業が置き換えられていき、オペレーターやメンテナンスの仕事、仕組みそのものがなくなっていきます。それらをAIやロボットが自己完結させるようになるからです。しかもインターネットが完全に普及していますので、置き換えのスピードがこれまでになく早まります。

インターネットのはしりは1960年代から、それがワールドワイドウェブとブラウザの発明により一気に加速し始めたのが1990年代、Amazon、Facebookなどに代表される世界的規模の企業が生まれたり急成長し始めたりしたのが2000年代と、40年以上かかっています。

そうやって確立したインターネットのインフラ上でＡＩ、ロボット、ブロックチェーンは一気に普及しますので、今後の展開スピードはかつてないほど早いと考えておいたほうが安全です。

「変化しない人」は、最初に仕事がなくなる

仕事が変わり、急激にＡＩ、ロボット、ブロックチェーンなどに置き換えられていく中で「変化しない人」は、最初に仕事がなくなります。

これまで給料を支払われていた仕事が次々に自動化されるわけですから、競争力を維持しようとする会社はリストラを急激に始めます。「変化しない人」は会社としてはお荷物であり、使えたとしてもかなり使いづらい人になります。

ＡＩやロボット、ブロックチェーンは24時間休みなしに働き続けます。そのための人事

管理もモチベーション維持も必要ありません。オフィススペースも必要ありません。
これまでは、機械にできる仕事には限りがあったために「企業の財産は人だ」などと言っていましたが、情報・データを集め、分析し、判断し、処理をし、契約書を作り、合意をし、販売し、カスタマーサポートをし、プロモーションまで24時間365日無休でしてくれるようになると、話は一転します。

そういったAI、ロボット、ブロックチェーンをいち早く作り上げたところが競争に勝っていきます。そういった会社の中で「変化しない人」は、急激に仕事がなくなっていくしかないのではないでしょうか。そうならないと考えるのには、少し無理があります。

「変化しない人」は、自分のこれまでのやり方、できることに固執し、新しい職種への挑戦を拒み、社内の経営改革、生産性向上にも協力的ではないわけですから、会社としては非常に扱いにくい人になります。その点は十分理解しておく必要があります。これまで何とかなったのだから、これからも何とかなるはず、という状況にはもうありません。

これまでは「変化しない人」が会社の価値感、社風、スキルを若干でも担保していたという要素があったかも知れません。変わらないことに価値もあった、という面もなくはなかったからです。ただ、今後、市場や競争状況が激変する中で、もうそのようには百歩譲っても言いづらい、という状況だろうと思います。

「変化できる人」は、何が起きても困らない

一方、「変化できる人」は、変化を楽しみ、新しい職種への配置転換にも進んで取り組み、誰よりも素早く新しい業務に慣れることができます。

新しい業務には誰でもとまどうものですが、「変化できる人」は頭が柔軟で、自分にも自信があって前向きなので、ためらうことなくさっさと動き、先輩にも話を聞いて、ポイントをつかむことができます。

ＡＩ、ロボット、ブロックチェーンなどが導入されて社内がてんやわんやになっても、常に冷静沈着で、気持ちの切り替えができ、不足スキルの強化にも取り組むことができるわけです。人が完全に不要になるわけではありませんから、「変化できる人」は、最初に活躍の場を見つけることができます。

もし自部門がリストラ対象になった場合でも、「変化できる人」はさっさと見切りをつけて一番有利な転職先をすぐに見つけることでしょう。くよくよはしません。

もしかすると自分は残れるかも知れない、社内で他の部署に移転できるかも知れないと一縷の希望にかけてぐずぐずし、変化を否定して待ち、結果として大きく出遅れてしまったりはしません。

UP
down

「変化できる人」は、人間関係もうまくいく

「変化できる人」は、人間関係もうまくいきます。仕事もプライベートも充実し、余計な摩擦もなく、といって自分の気持ちを大きく犠牲にすることもなく、明るく楽しく、充実した人生を歩むことができます。

人間関係がうまくいかない場合を考えてみると、大きく三つの理由がありそうです。

一つには、何らかの理由でこちらの態度に問題があり、相手の気に障ることをしてしまうときです。ただ、「変化できる人」は適切に状況や相手の気持ちを読んで態度を合わせることがあまり苦になりませんので、上記のような状況にはなかなか陥りません。

何か気まずいことが起きたとしても、早々にアジャストできるので、次回以降、うまく挽回できます。

二つ目には、こちらにはほぼ何の問題もないのに、先方が一方的にけんかをふっかけてくる場合です。

「おまえの言い方が気にいらない」「何しに来た」「帰れ」「じゃまするな」というわけですが、これも「変化できる人」であれば、そこまで腹が立ちません。気分が悪くないわけではありませんが、そういうふうに言うからには、きっと何かあるのだろうと冷静に状況把握をし、それなりに対応できます。不愉快さを引きずったりはあまりせず、問題解決型で進められる心の余裕があります。したがって、それほど大ごとにはなりません。

三つ目には、こちらにはほぼ何の問題もなく、先方も比較的まともなものの、企業間なり、部署間なり、家族間でどうにもならない過去の歴史と不条理があり、摩擦を生じるケースです。先代、先々代の社長の時代からお互いに衝突し、訴訟し合っている企業同士、先祖代々確執のある家族同士などの場合です。

これも「変化できる人」であれば、これまでの経緯を踏まえ、過去は過去として、過去の因縁を過剰に持ち越すことなく、いきり立つ人の言い分をよく聞きながら、うまい落としどころを探すことができます。相手を受け入れながら、こちらの立場を過度に損ねることなく、お互いにとってより望ましい関係をうまく作り上げることができます。

対応力に優れているため、感情的な衝突を最小限に抑えて、双方の利益になる新しい合意を生み出すことができるのです。

このように、「変化できる人」は、人とのやり取りにも余裕があり、コミュニケーションが適切で、自分の信条にも過度にこだわりませんので、相手がけんか腰になったとしてもいつまでも続きません。

けんか腰というのは、自分が怒っているということを相手に見せつけ、ぶつけ、それ相応の落とし前をつけろ、という意味の示威行動です。それをうまくいなせば、相手は怒りの持っていき場がなくなり、おとなしくなってしまいます。けんか腰でない場合は、非常によい関係や協力関係を短時間で築くこともできます。

「変化できる人」は、性別、年齢によらない

変化できるかどうかは性別、年齢によりません。男性のほうが柔軟だとか女性のほうが柔軟だ、ということはなく、あくまでその人次第です。

年齢も同様です。生真面目でものすごく頑固な20代の方もいるでしょうし、頭が非常に柔らかい70代の方もいると思います。

中高年になると「俺は頑固者だから」「私は頭が固いから」と言う人がときどきいますが、年齢の問題ではなく、単に自分のわがままの言い訳をしているだけとしか思えません。

もちろん、高齢になると年齢的にキレやすくなることも医学的になくはないようですが、それよりも、年のせいにしたり、上から目線で人に接するようになったりした点が大きいのではないでしょうか。

問題は、日本の大手一流企業の40代後半～50代前半の部課長層にお会いした際に、半ば

諦めた感じで照れ笑い気味に、「俺はもう年だからさあ。若いやつにはついていけないよ。理解できないよ」というような発言をよく聞くことです。

このメッセージを翻訳すると、「俺は今まで頑張ってきた。最近の若いやつはろくに頑張らずに何かといえば泣き言だ。勉強もしてないし、すぐLINEとかインスタとかでちゃらちゃらやっている。上司への口の利き方もなってない」というようなことでしょう。男性言葉で書きましたが、女性上司も大差ありません。

気持ちがわからなくはありませんが、こういうふうに思う時点で、頭は固くなっているし、人にはそれぞれの価値観があるということへの理解が乏しいし、自分のやり方に合わせろそれが当然だろという奢りがあるし、「変化できない人」の典型になっています。自らよしとしてそうなっているとは思いますが、あまりいいことはありません。

「変化できる人」は、男女、年齢によらず、もっと柔軟で、聞く耳を持ち、相手の価値観を尊重し、世の中の変化に敏感です。そういう人は、どんどん成長し続けます。そして、「変化する力」「対応力」がさらに強化されていくのです。

第1章

「変化できる人」とは

自分のやり方に過度のこだわりを持たない

自分のやり方に過度のこだわりがない人は、変化に対して抵抗がありません。

もちろん、これは、どうでもいいということではありません。ここでいうこだわりがない人は、人との接し方や仕事のしかた、努力のしかたなどに自分のやり方がいちおう確立しており、なぜそのやり方をしているのかきちんと説明できます。

そのやり方も、人の手本になるくらい立派なものです。

しかも、状況が変われば、もっといいやり方があるのではないかとオープンな気持ちで考えられる人です。そういう姿勢でいれば、いい話もどんどん来るようになります。

いろいろな人が前向きに助言してくれるようになります。

いつもよりよい方向に変化し、改善し続けます。

「こだわりがない」ということと、「何も考えていない」ということの間には大きなギャップがあり、きちんと認識しておく必要があります。こだわりがなければ、自分に考えがあっても、そのときどきでベストなやり方をすることに躊躇がありません。その都度、判断してよりよいほう、自分にフィットしそうなほうを選ぶので、いつも気持ちよく、伸び伸びとしていられます。ベストなやり方をするためにも、常に努力をし続けます。

もちろん、人に言われたから考えなしに意見を変えるということではありません。自分の意見はもちろんあって、それ以上の案があれば躊躇なく変えることができる、という意味です。根拠がしっかりしているので、言うたびに違う意見になったりすることはありません。自分の頭でしっかり考えて、そのときどきのベストを尽くしているものの、よりよい案があり納得すれば、躊躇なく取り入れることができます。

「納得すれば」というところが大切です。

不勉強で頭が固ければ、相手がまともなことを言っても納得できません。いつまでも反論のための反論をしたり、過剰な証拠や説明を求めたりしてしまいます。納得することを過剰に重要視するのではなく、自分が納得できるだけの準備と勉強をしているのかをまず振り返ってみる必要があります。

つまり、金科玉条的に「納得」を求めるのではなく、自分のバランス感覚を鋭くし、磨き続けることで、バランスのいい「納得感」を得る必要があります。そうしないと、過剰な「納得」になってしまいます。

一方、何も考えていない場合は、こだわり以前の問題で、何がいいかどうかも特にないので、言われたままにやったり、やらなかったり、気分次第、ということになってしまいます。声の大きい人がいたらそれに合わせたりもしますので、一貫した取り組みをすることはむずかしくなります。

何も考えていないというのは、全く何も考えていないレベルから、少しは考えるものの、よくわからなくて、そこでやめてしまうレベル、少しだけ考えてちょっとは疑問を持つものの、それ以上は強く主張しない、主張できないレベルなど、いろいろあります。

程度の差はあれ、考えていなければ世の中がどう変化しているのか、自分がどういう変化をしなければならないのか、イメージが湧きません。人に言われてなるほどと思い、何かしようとはしますが、その人がまともに考えての結果か、何かの受け売りかもよくわかりません。もしかすると時代に逆行するアドバイスかも知れないわけです。

例えば、「AIなんかどうせただの箱だからさあ。賢い判断なんか絶対できっこないよ。だから心配する必要ないよ」といった感じになります。

また、「ブロックチェーンっていろいろ言われてるけど、詐欺とか不正が多いのはニュースにもなってるよね。あれは物にならないよ。俺たちの経理の仕事がなくなるわけないじゃないか」という気休めを聞かせてくれるかも知れません。

気休めは耳に心地よいので、「そうか、いいんだ。今のままでいいんだ」とすっかり安心しきって、せっかくの向上意欲に水を差されるかも知れないのです。

人の意見に無駄な抵抗をしない

人から何かを言われると、すぐムキになる人がいます。こちらは別に傷つけようとしているわけでも、意地悪しようとしているわけでも、上から目線で言おうとしているわけでもないのに、ムキになって反応し、聞く耳を持たなくなる人ですね。こういう反応は無駄なエネルギーではないかと思うのですが、よく見かけます。

なぜそうなのか不思議です。多分、劣等感や過去のトラウマのせいで、自分でもコントロールがむずかしいのかも知れません。いろいろな種類の地雷が埋めこまれているのだろうと思います。

相手は全く悪気なく、傷つけようなど思っておらず、余計なお世話もせず、不適切なことは何一つ言っていない場合でも、簡単に爆発しがちです。本当に突然爆発します。爆発といっても、人によってその表現には若干の差があって、突然怒鳴り出す場合もあれば、急に嫌みを言ったり、これ見よがしにため息をついたりする場合もあります。

声の大きさではなく、「自分が嫌だ、怒っている、気分が悪くなった」ということを相手にわかるように伝えます。普通に話をしているときに突然これをされると、相手は多かれ少なかれ恐縮し、何か間違ったことをしてしまったのではと萎縮してしまいます。私はこれは言葉の暴力であり、ある意味、突然ドスを突きつけるのに近いと思います。

爆発させるのは、相手が悪いと思っておられるかも知れません。そうなるのは自分だけではないと思っているかも知れません。でもそういう考え方は逃げであり、ずるいことでもあります。赤ちゃんならいざ知らず、小学生以上で何かあるたびに感情を爆発させたとすると、多かれ少なかれ、相手は言うことを聞くしかない立場になります。腫れ物に触るようになります。

まともに話ができない、静かに話をして解決できないという時点でわがままですし、暴力的だと私は思います。本当の暴力はすぐに逮捕されますが、言葉の暴力も人を傷つけることにおいて大して変わりません。むしろ言葉のほうが心を鋭く傷つけるとも言えます。今の技術では証拠が残らないから逮捕されないだけで、ＩｏＴ（モノのインターネット化）がもう少し発展すれば、変わる可能性が大きいと考えています。

ちなみに、ムキになるというのは、「感情的になる」ということですが、嬉しい、楽しい、悲しい、きれいだ、気持ちいい、といった自然に湧き起こる「感情」と、「感情的になる」ということは全く別物です。一字違いではありますが、意味するところは全く違います。

また、「人間なんだから感情的になるのはしかたがない」と言う人がときどきいますが、私は、これは自分のわがままを正当化しようとしているものだと思います。ある意味、悪魔のささやきだと考えています。

「感情を持つ」のは自然なことですが、「感情的になる」のは、単にわがままだったり、過去の傷を目の前の人にぶつけたりするだけの子どもじみた行動だからです。

一方、**人から言われてもあまり抵抗がない人は、気持ちもゆったりしていて、頑なところがほとんどない状況です。**傷つきやすくないので、何か言われても「へ〜そうなんだ」「そうかも知れないなあ」「いいことを言うなあ」くらいで終わります。心の余裕が違いますし、成長度合に大きな差が生まれます。

怒!!
了解
peace…

新しいこと、前と違うことを気にしない

新しいことが気にならない人というのは、今までの自分のやり方と違っていても気にならない人、自分が慣れ親しんでいた方法と少しくらい違っていても平気な人、という意味です。そういう人は、新しいことへの抵抗が少ない上、新しいのはきっといいことなんだろうくらいに思える人です。

新しいものがすべてよりよいとは限りませんが、古いもの、古いやり方がいいとも限りませんので、オープンな気持ちでいるほうが変化しやすくなります。

前と違うからといって過剰に用心深くならず、「まあ何とかなるんじゃない?」くらいに考えられる人のほうが変化のチャンスが増えます。もちろん、適度に工夫をして、変化への対応を怠りません。

人間の歴史は、過去数十万年にわたって創意工夫を続け、小さな発明から大きな発明ま

で数えきれないほどチャレンジしながら進化してきましたので、それが気にならない人、あまり抵抗を感じない人のほうがその恩恵を受けやすかったはずです。今もこれからも同じです。

細かいことに目くじらを立てない

細かなことを気にする人がよくいます。気にならない人から見ると、自信がなく、器が小さく、大局的な見方ができない人なんだなあと感じるわけですが、当人はいたって真面目であり、なぜそのように思われるかも理解できません。

そういう人は「細かいけれど大事なこと」と「細かくてどうでもいいこと」との区別があまりつかないので、過剰に気を使い、エネルギーを奪われているように思います。

「細かいけれど大事なこと」は、それをはずすと大きな不具合が起きてしまいますし、「細かくてどうでもいいこと」は、大勢に影響しない枝葉末節です。

「神は細部に宿る」という言い方もあり、細かなことが大事な場合もあります。細かなことが全体の成功を決定づけたり、細部が非常に重要な意味を持ったりします。

この2つはどう区別すればいいのでしょうか。区別できれば、ちょうどよい具合に取り組むことができます。大事な点を押さえつつ、細かすぎることも避けることができます。

区別するには、目的をはっきりさせる必要があります。目的によって、枝葉末節なのか、鍵になる重要な細部なのか、が変わります。

例えば、顧客への提案資料は、相手のニーズが何で、それにどう合った提案資料になっているかが最も重要です。

誤字脱字があってはいけませんが、それを気にする以上に提案資料の目的に合っているかどうかが先決です。一定以上の質になってきたら、もちろん誤字脱字をなくしていきます。

上司がこの大筋のよしあしを注意し、助言するならいいのですが、そこをやらずに誤字脱字だけ指摘すると、部下のやる気を損ね、部下からの尊敬も失いがちです。誤字脱字ばかり気にして鍵になる重要な部分を軽視すると、効果的な資料が作れませんし、時間ばかりかかるからです。

枝葉末節か重要な部分かの判断を正しくするには、常に問題意識を強く持ち、感度を上げ、適切な情報収集をする必要があります。

問題意識を強く持つには、常に物事をもう一段深く考えるようにすることです。もう一段深く考えるとは、何かを聞いたら「本当にそうか」「実は違うのではないか」「どういう利害関係にあるのか」「本質的な問題は何か」などを次々に考えるということです。

どんなことでも決して鵜呑みにしないようにしていれば、深く考えることができるようになります。

感度を上げるには、意味のある情報、重要そうな情報を抜け漏れなく得ることが大切で、第3章で詳しくご説明します。

適切な情報収集をするにはグーグルアラートの有効活用や、信頼できる人に会ったり勉強会に出たりが必要です。これについても第3章などで詳しくご説明します。

いつまでもくよくよしない

過去のちょっとしたことをいつまでもくよくよする人、引きずる人は、変化しにくくなります。考えが前向きではなく、常に後ろ向きになってしまっているからです。

過去の失敗を忘れることができないのはしょうがありませんが、過剰に気にしているとすると、後に影響します。二度と同じ失敗をしないために過敏になり、肩に力が入ってしまいます。

後ろ向きだと何がもったいないのでしょうか。

肩に力が入ってしまうという問題以上に、そもそも起きてしまったことをあれこれ悔やんでも、結果を変えることはできないし、元には戻らないからです。「覆水盆に返らず」で、意味がありません。

過去の反省は必要で、再発防止に活かすのは立派なことですが、反省しても特に何も変わる要素がない場合は、ほどほどにしておきましょう。

いつまでもくよくよし、引きずる体質・習慣の人は、次に何かが起きてもまた同じようによくないことが起きるのではないかと心配ばかりして、前に進むことがやりづらくなります。心配ばかりするから前に進めないんだ、と周囲がやきもきしても本人はいたって真面目というか、過剰にくよくよします。

そんなこと言ったって、気になるんだからしかたがないと思っている方も多いでしょう。私にも、もともとはそういう部分が少しありました。過去の問題が不完全燃焼で、引きずっていなかったと言ったらうそになります。問題の原因が何で、結果が何で、こうすれば回避できたかも知れない、などはあまり整理されていなかったため、もやもやしていました。

ただ、マッキンゼーに転職してそれを全部紙に書き出すことをし始めてからは、頭の中でもやもやしていたものが目の前の紙に整理できるようになったため、かなり改善しました。（付録Ⅰの「A4メモ書き」をご参照ください）
　このアプローチにより、誰でももやもやが減り、くよくよが減っていきます。

「自分」を持っている

　自分を持っている人も、変化しやすくなります。変化することで何かを失ってしまうのではないか、という心配がなく、よりよいことなら何でもやってみようと思えるからです。

　自分を持っている人は強いです。心に余裕があり、よいことならあまり躊躇せずに取り入れることができます。成長力が強いとも言えます。

　「自分を持っている」を言い換えると、自分に自信がある、自分の軸が決まっている、価値観などにあまり迷いがない、きっとできると思えている、などです。

そうすれば、ぶれる心配があまりないのでむやみにガードが固くなりません。自然体で、リラックスして相手や状況に合わせることができるようになります。

いちいち勝ち負けとは見ませんし、みだりに戦おうとはしません。戦う必要がないときには、肩肘張って接したりしません。リラックスして状況を見定めることができます。

よければやればいいし、そうでもなければ、様子を見ていればいい、という余裕の態度を取ることができるようになります。そういう人はどんどん変化できる人です。

あれこれ迷わず、さっさと動く

さっさと動ける人とは、あれこれ悩まず、躊躇せず、よさそうならすぐに行動に移せる人です。世の中には考えすぎてなかなか動けない人もよくいますが、多くの場合、「考えすぎ」ても、行動の精度が上がるわけではありません。

「動くべきか動くべきではないか」の判断に際して、早い人が数秒あるいは即断即決、即実行できることに対して、何分も、あるいは何時間も何日も時間をかける人がいます。これは慎重というより、ただゆっくりしているだけとも言える状況で、それで精度が上がるのか、と思います。

慎重な検討が必要な場合ももちろんありますが、大半はもっと簡単に判断がつきます。そういう場合にさっさと動いたほうが次につながりやすくなります。こちらの反応が早いので、先方の反応もつられて早くなり、会議の設定や新サービスの企画が早く進むというのは、よく経験するところです。

また、海外とのやり取りでは、スピードのなさが命取りになることも多々あります。日本人はなかなか決めてくれない、時間ばかり浪費して結局何も決まらなかった、シリコンバレーまで来てくれた日本人の幹部も本社へのお伺いばかりで自分では何も決めてくれなかった、という指摘はよく聞きます。

なぜ即断即決、即実行で問題ないのか、といえば、さんざん迷う人も、決してオプションをいくつもあげて徹底的に調べ、少しでもよい案を採るために長時間使っているわけではないからです。「どっちにしようかな」と迷いに迷うだけで、時間をかけて判断の精度を上げるということはまずしません。単に結論を引き延ばしているだけです。

結局どちらかをやるのであれば、即断即決、即実行でさっさと動いて途中結果を見ながら次に進んだほうが、よりよい結果に早くたどり着きます。

技術の発展やニュースを楽しむ

技術の発展やニュースが楽しく思える人は幸せです。

最近であれば、AIが世界最高の囲碁の棋士に圧勝したとか、人工知能を使って信号制御をすることで交通渋滞が減ったとか、ブロックチェーンを使って国際送金が非常にやりやすくなるとか、今までにあり得なかったことができるようになり、そういった技術の発展がますます加速しています。

ポケベルでメッセージを送っていたと思ったら、携帯に変わり、スマートフォンでインターネットができるようになり、「この近くのカラオケは？」と話しかけるだけでリストアップされ、最短経路も表示されるようになりました。これらの変化が楽しく感じられるか、うっとうしく感じられるかで、大きな違いを生みます。

最先端の技術を先頭に立って使いこなす必要はありませんが、イノベーションに抵抗を感じたり、なるべく使わないように避けていたりするよりは、流れに身を任せているほうが楽しくなります。

東京から大阪に行くのに在来線を使わず、新幹線に乗ったりするのと同じことです。時速150キロ以上で走ったら体に悪いとか、速すぎて線路から飛び出してしまうのではないかとか、心配しませんよね。

慣れだけの問題とも言えますが、いつも抵抗しながら結局は使っていくのと、もう少し前向きに慣れていくのの間には極めて大きな差が生まれます。

納得できなくても、やってみる

物事は納得して行動するのが大切です。自分の考えを常に持ち、自分で判断して前に進むべきかそうでもないかを決めなければ自分を見失ってしまうからです。

ただ、信頼できる人が強く勧めてくれるときは、納得できなくても場合によってはそのままやってみるほうがよい結果を生みます。なぜならば、信頼できる人が強く勧めるということは、その人はこちらの状況、性格、価値観などをわかった上で、しかもこちらが気が進まないということまでわかった上で言ってくれています。

それであれば、頑なに反発するのではなく、「まあそこまで言うならやってみてもいいかな。だめなら戻せばいいし」くらいの考え方でやってみたほうがよさそうですね。

いつもいつもそのようにする必要もありませんが、信頼できる人が強く勧めることもそう多くはないでしょうから、したがってみてもいいかも知れません。

第１章の

理解・実行チェックリスト

- ☐ 「変化できる人」は、自分のやり方に過度のこだわりがなく、人から言われてもあまり抵抗のない人、新しいこと、前と違うことが気にならない人など。
- ☐ バランスのよい「納得感」を持てることも鍵。
- ☐ ムキになったり感情的になったりしないこと。
- ☐ 「細かいけれど大事なこと」と「細かくてどうでもいいこと」は違う。
- ☐ いつまでもくよくよしないことも重要な資質。
- ☐ 技術の発展やニュースが楽しく思える人は楽だし、変化しやすい。

第2章

「思いこみ」を捨てる

「変われない」という思いこみ

「変化できない人」の典型は、変われないと思いこんでいる人です。

これまで多くの方の相談相手になってきましたが、なかなか変われない、成長できない、成長が遅い、ということで悩んでいらっしゃる方の多分、唯一最大の理由は、スキルの問題ではなく、単に「変われないと思いこんでいる」ことです。

ほとんど、「自分でそう決めているからそうなっている」に近いです。自分の気持ちの金縛りに遭っている状況です。

私たちが力を発揮するのがいつかといえば、無我夢中で取り組んでいるとき、我を忘れて一心不乱のときなどで、そういう状況であればいつの間にか壁を越えることができます。自分でもできないと思っていたことができるようになります。悩む時間もありません。一心不乱なので悩みません。悩むということ自体、無我夢中ではないし、あえて言えば、

「ひまがあるから悩んでいる」「本当の意味で切羽詰まっていないから悩んでいる」ということでもあります。

言い換えれば、どうやって雑念を捨てることができるかです。「自分はそう簡単に変えられない」「頭が固いと言われたって、できないものはできない」と言い続ける人は、「何のためにそれを言っているのか」「それはある種の自己満足、趣味ではないのか」「そのほうが何となくかっこいいと勘違いしていないのか」と考えていただくと何か発見があるかも知れません。

実際のところ、「変われないと思いこんでいる」という意識すらない人も多く、無意識のうちに、自分の行動を束縛しているようです。危機意識が強ければ、こういうことにはあまりなりません。少し振り返ってみると何か発見があるかも知れません。

「自信がない」という思いこみ

「変われないと思いこんでいる人」の次に多いのは、「自分には自信がないと思いこんでいる人」です。**「自信がない人」というよりは、「自信がないと思いこんでいる人」ですね。**

これは、自信というものに対しての意識過剰かと思います。「自分には自信がないんだから、できるはずがない」「自分は自信なんかとうてい持てない。今までずっとそうだったし、これからも自信はない」という感じになります。

私から見ると、「こんなことを心配する人はよほどヒマなんだろうか」「よほど恵まれていて、さっさと動いて何か結果を出さなくてもいい人なのではないだろうか」「自信がどうのこうのではなく、そもそもやる気があるのだろうか」とも思えます。

もっと言うと、「自信がないということをおもちゃにして、ある意味、楽しんでいる」「大丈夫だよと言ってほしくて、そういうふりをしているうちに、『自信ないよ病』に取りつ

NO CHANGE
ゼッタイムリ

かれてしまった」ということはないでしょうか。

能力があるから自信がある、実績があるから自信がある、というほど自信というものは簡単ではありません。客観的に能力がものすごくあっても自信のない人はいくらでもいますし、実績がいろいろあっても自信のない人はそれこそ掃いて捨てるほどいます。

言い換えると**「自信」とはかなりの水もので、どうにでもなる、どうにでもなってしまうものです。**もちろん無理に自信を持とうとしてもつらいものがありますが、それ以上にもったいないのが「自信がないと思いこんでいる人」です。

自分で自分の能力を発揮できなくしてしまいますので、そういうふうに考える必要は全くありません。

「勇気がない」という思いこみ

「自分にはとうてい勇気なんかないと思いこんでいる人」にもよく会います。自信のなさに似ていますが、微妙に違うのは、踏み出す、ということへの恐れが中心にあることです。

「踏み出す」「思いきって飛びこむ」と言ってもいいでしょうか。新しいことを始めるのに、新しいチャレンジをするのに、思いきって行ってしまえばどうということはないのに、踏切の前ですごく躊躇する人です。

確かに飛び出してしまえば後に引けなくなりますし、飛び出していった先に何があるかわからないとも言えます。それをリスクと感じるわけです。人よりリスクに敏感なので、客観的にはそこまでではなくても、なかなかチャレンジできません。

本当にリスクがあれば、もちろん慎重に動かざるを得ないのは当然です。ただ、リスクが大してないときや、リスクがあっても踏みはずさない方法がわかっているときに躊躇する必要はそれほどありません。

少し調べればリスクが大したことがないこともわかる場合でも、多くの友人、同僚がすでに向こう側に渡って無事であることがわかっている場合でも、あまり意味なく、過剰に躊躇する、という人がいます。

動くことによるリスクはもちろんありますが、そのときに動かないリスクもかなりあります。そのバランスによっては、さっさと動くほうがリスクが小さいこともよくあります。特に、環境が激変しているときは、人より早く動かないと急激にリスクが高まります。

リスクに過敏な人は、本当に勇気がない、というよりは、「勇気がないと思いこんでいる」に近いと思います。「勇気」もその性質は「自信」にかなり近く、自分にあると思えばあるし、ないと思えばないものです。自己規定的、自己実現的な要素が強くあります。

100mを13秒で走る人は、自信のあるなし、勇気のあるなしにかかわらずほぼ13秒で走り、全力で走っている限りそれより速く走ることも、もっと時間がかかることもありません。だいたいその時点での体力、走力によって、似たような記録になります。

ところが、「勇気」に関しては測れませんし、そのときの気分でどうにでも変わります。そうすると発揮される勇気も実力も大きく上下します。そういうものなので、「勇気がないと思いこむ」ことも本人の自由で、自分で勝手に決めた、マイルールが自分の発揮できる実力を決めてしまうことになります。

「自分のことをどう考えても勝手だろう、ほっておいてくれ」というわけにはいきません。決して一人で生きているわけでも、一人で仕事しているわけでもなく、必ず、周囲には家族や仲間、同僚がいますので、やはりバランスというものがあります。程度問題です。

これまでは「勇気がないと思いこんでいる人」も何とか生き残ることができたかも知れません。ただ、仕事が急激にＡＩ、ロボット、ＩｏＴ、ブロックチェーンなどに置き換えられていくこれからの時代に、かなりのハンディキャップを負うことになってしまいます。

「自分の柄ではない」という思いこみ

変わることなど、自分の柄ではないと思いこんでいる人もいます。ただ、これも相当に自意識過剰です。「自分の柄」って何でしょうか。誰が決めた「柄」でしょうか。

自分が考える、「自分はこういうことをする、しない」「こういうものをいいと思っている、思っていない」「人との関係はこういう感じがいい、こういう感じは避けたい」があり、それを「自分の柄」だと考えているように思います。そこからはずれることを意味なく嫌う、恐れる、という状況でしょう。

そこをずれると、「自分の柄ではない」と感じるようですし、周囲の人に「柄にもない」と言われることを心配しているのだろうと思います。

ただ、もともとの自分の持っているイメージには、それほど根拠があったとは限りません。むしろ、ほとんど根拠なく、たまたま家庭環境や周囲の影響でそういうやり方をしていた、何かのきっかけで身についた、いつの間にか癖になった、などの結果に過ぎないことが多いのではないでしょうか。必然性があるとはあまり思えません。

「柄」というあいまいなものにとらわれて、自分の行動に線を引くのはかなり趣味の領域に近いです。それも自分の勝手だと言おうと思えば言えるわけですが、強がって言い張る意味はそれほどないように思います。

また、周囲の人に「柄にもない」と言われることを心配する必要があるでしょうか。周囲の人は、ある意味、無責任に、人をイメージで判断します。本当は内向的な人が表面的には外向的に振る舞っていることもよくあります。

私はこういうギャップが結構気になるので、よく人を観察していますが、明らかに内向的な人を誤解し、茶化しているケースをよく見ます。茶化されている人の表情をずっと見ていると、まんざらでもないのか、結構嫌に思っているのかはわかります。普段接していれば、その人の性格はある程度わかるはずなのに、人の評価はいい加減です。

内向的か外向的かの比較的間違えない見分け方は、平日の夜や週末に家で一人であれこれするのが好きか、それとも友だちと出歩くのが好きかですね。明らかに好き嫌いにギャップがあるので、わかるはずだと思うのですが、平気で決めつけ、茶化す人がいるのはいつも残念に思います。

第2章の

理解・実行チェックリスト

- □ 「変化できない人」は、変われないと思いこんでいる人。
- □ 自信がないのではなく、「自信がない」と思いこんでいる。
- □ 勇気がないのではなく、「勇気がない」と思いこんでいる。
- □ 自信も勇気も、水もので、どうにでもなる。
- □ 「自分の柄」には何の意味もない。自分の自意識過剰であり、人の無責任さの結果。

第3章

将来のことは、誰にもわからない

わからなくてもいいと割りきる

「将来どうなるかわからない」ということで、漠然と将来への不安を感じている人は大変に多いと思います。ただ、正確には誰にもわかることではありません。

技術や経済、社会の専門家を連れてきたところで、当てることはできません。経済学者や大学教授がどれほど優秀で有名でも、将来を正確に予言するわけではありません。

大切なのは、わからなくても別にいい、それでも困ることはないし、それでいいんだと理解することです。おおよそだけわかれば、正確にわからなくても困りません。「正確にわかる」なんていうことがそもそも無理です。

ただ、わからないけれども、そこで考えを止めないことが大切です。そうしないと視野が狭くなったり、そこはわからないから何も考えないというふうにブラックボックス化したり、「見えているところだけで見る、考える」という悪い癖がついたりするからです。

「見えているところだけで考えるという悪い癖」がなぜ悪いかといえば、「本当はどうあるべきか」「本来、この問題はどうとらえ、どういう姿勢で解決すべきか」という考え方をしなくなってしまい、正しく考えることができなくなってしまうからです。

物事の本質に迫れなくなりますし、近視眼的になります。表面をなでて終わってしまったり、全体から見るとベストではない解決策に終わったりするからです。

わかろうとする努力は必要

将来についてはわからないとはいえ、わかろうとする努力は確実に実を結びます。

前向きな姿勢でいる限り、情報がどんどん入ってきます。情報感度そのものも格段に上がります。

そもそも、将来を予言することは不可能ですし、あまり意味がありません。ただ、どちらの方向に行きそうかはある程度以上勉強するとわかりますし、いつそれが起きるかもおおよそ予想をつけることができます。

常にわかろうとしていれば、断片的なパズルが徐々に、あるいは突然解けたと感じられることもあります。いわゆる「先が見えた！」という感覚ですね。仮説がぱたぱたと合わさって、全体像が見えてくる現象です。

細部はもちろんわかりませんが、自分の行動を決めるために必要な程度には全体像が見え、どこに向かって走ればいいか、今何をするのが一番いいかがわかるようになります。

また、将来についていつもわかろうとしていると、だんだん同じような問題意識を持つ同志が生まれます。皆、答えを求めていますので、着眼点やヒントに対して敏感になるからです。

「うん？　だったらこうなのかな？」「とすると、こうかも知れないな」と考えることが同期してきて、強い連帯感を感じることができます。そうすると、将来を予想して行動する力がその仲間内で一気に高まり、好循環も生まれていきます。

こういう前のめりな姿勢でいる限り、遅かれ早かれ、結果が出やすくなります。

ナゾが….
解けた!!

「いつか」は気にせず、大まかな方向をつかむ

いつ起きるかは誰にもわかりません。ただ、大まかな方向性は十分わかるものです。賢くなったＡＩが多くの事務作業を置き換えていくこと、使いやすくなったロボットが力仕事を置き換えていくこと、自動車がだんだんと自動運転に変わっていくことなどは、かなり確実に起きます。５年から、10年かからずに起きるでしょう。

ＡＩが事務作業を置き換えていくことはもう止めようがありません。特に、決まったフォーマットへの記入とか、事業計画の中の収支計算とか、投資リターンなど定型化した仕事はＡＩの得意中の得意です。また、ロボットも確実に生産現場の組み立て作業を置き換えていきます。

それ以外でも、今は人がやっている危険な高所作業や原子力発電所のメンテナンスなど、ますます高性能化するロボットがやらないはずがありません。

ロボットはこれまではかなり定型化された自動化作業に従事していましたが、AIの進化とともに、人がやるとまずい、つらいものにもどんどん進出していくのは間違いないと思います。

3年後か5年後か7年後か、はわかりません。技術の進化や、規制緩和、大手企業の取り組み優先順位などによって実現までの期間は変わりますが、「遅かれ早かれ来る」ので、先駆けて準備しておくことは大切です。

方向がだいたいわかれば、かなり多くのことができます。にもかかわらず、将来を心配はするものの、準備をしようとはしない人がほとんどなので、ほんの少しの努力で決定的な違いが生まれます。

おおよそで「いつか」をつかむ

いつ起きるか誰にもわからないとはいえ、おおよそわからなくもありません。例えば、介護では中腰で力を入れる必要があり腰を痛める人が多いようですが、多分5〜7年以内には、腰を痛めない補助パワースーツや、自動起き上がり式ベッドなどが普及するでしょう。

また、自動運転車が普及するのは20年後ではなく、多分5年から10年以内でしょう。高速道路のように人の判別が不要で流れが比較的スムーズな場合はもしかすると、一部に限って3年くらいで実現するかも知れません。

AＩは数年以内に、簡単なカスタマーサポートをこなせそうです。今のカスタマーサポートの仕事は半分はなくなりそうです。

ブロックチェーンが昨年来大変な話題になっており、世界中で数千の実証実験がおこなわれていますが、いつ実用化されるかはまだ見えないといわれています。

ただ、技術進化のスピードや、各国政府・大手企業の対応を見ると、遅くても2〜4年以内には国際送金や、企業グループ内での支払い、一部の決済、学校の成績・契約書の認証などは行われるようになっていくと思います。

そのくらいの幅でおおよそわからなくもないようになると、自分の仕事やスキル、生活上で今のままでは非常にまずいのではないかとか、この分野に関してはかなりのお金を投入しても知見を深めておかないといけないなあとか、切迫感が出てきます。

いつか起きるかも知れないがまだ先のことだから、まあ起き始めたら何かしようというのとは全く違う厳しさが自然に身についてきます。

方向性が見えてイメージが湧き、時間的にも切迫感があれば、人から言われなくてももっと情報を取り、自分から変わろうとするのが人の性質です。危機意識が強くなっているので、自然にできるようになります。

「いつかそういうこともあるかもなあ」「でも、いつ来るかわからないしなあ」とはだいぶ違う準備ができます。

情報感度を上げると将来が見えてくる

「情報感度」とは、情報に対する感度、感じ方の度合のことで「アンテナの高さ」「情報へのセンス」とも言います。情報感度を高めるには、三つの点で考える必要があります。

一つには、意味のある情報、重要そうな情報を抜け漏れなく得るという点です。

新聞や雑誌だけ読んだり、テレビをいくら見たりしても、重要な情報を網羅的かつタイムリーに得ることはできません。一番手軽でお勧めできる方法は、グーグルアラートの活用です(重要キーワードでグーグル検索をし、かなり多くの記事を読むのは、グーグルアラートの前提としてもちろん大切です)。

グーグルアラートに、重要な言葉・人名などを登録すると、その言葉を含む過去24時間に出た全記事のURLを毎朝決まった時間にメールで伝えてくれます。検索対象がぶれていったりしませんので、一度決めると確実に関連記事を読むことができます。

記事の言語指定もできますので、例えば、「ウェアラブル」について徹底的にフォローしたければ「ウェアラブルという言葉を含む日本語記事」「Wearableという言葉を含む日本語記事」「Wearableという言葉を含む英語記事」の三つを登録することで漏れがなくなります。

記事は普通のお仕事をされている方でも20〜30、少し専門性を追求しているとか、会社の上の立場の方であれば50〜70程度は登録するとよいと思います。

私自身で言えば、多数のベンチャーや大企業を支援し、それとは別に数多くのテーマを追求していますので、200以上登録しています。

例えば、

- **AI OR 人工知能 OR 機械学習（OR：このどれかを含む記事）**
- **ロボット**
- **残業ゼロ OR 残業削減**

・自動運転
・Autonomous vehicle
・コネクテッドカー
・ブロックチェーン OR スマートコントラクト
・IoT
・トランプ大統領
・インド モディ首相

といった感じですね。

グーグルアラートにキーワードを登録すると、メールで各記事のタイトルが送られてきますので、さっと見てピンとくるものだけ合計数十の記事を毎日読むと、大事な情報を漏らすことはまずありません。

通勤中や業務中に時間を見つけて読むのではなく、理想は、自宅で毎朝毎晩30分ずつ集中して読むようにすると一番素早く、しかも効果的に頭に入ります。

通勤中がお勧めできない理由は、スマートフォンでかいつまんで読むことになったり、必ずしも集中できなかったり、大事な記事があったときにメッセージをつけてチームに送ることがそれほど容易ではなかったりするためです。

なお、朝送られてくる記事には、視点の高さ、事実の把握度合、包括的な内容などが大変素晴らしいものがあります。そういう場合は、バックナンバーやその著者が書いた他の記事、参照記事などもどんどん読んでいきます。素晴らしい記事を書く著者は他にも良記事を書くことが多いですし、参照記事などもレベルが高いことが多いからです。

それもスマートフォンだとそこまで効率的にできないので、端折ってしまい、もったいないことになります。せっかく素晴らしい記事を見つけたのに、わざと脱線して関連記事を次々に読み、一気に視野を広げるとか、一気にその著者の全貌を知るとかがやりづらいからです。

「新聞や雑誌だけ読んだり、テレビをいくら見たりしても」という点を少し補足します。新聞は偏向しているものが多く、そのまま信じると大きく判断を間違えます。何が大事かどうかもかなり恣意的です。日本の新聞5紙、海外の新聞5紙を比較して読み比べればバランスが取れますが、普通はそこまでの努力がとてもできません。

新聞を見るにしても、自分の意見をしっかりと持った上で見ないと知らず知らずのうちに偏った考え方になると考えています。

雑誌も同様で、雑誌全体が右肩下がりの中、毎号の記事を埋めるために四苦八苦しているのが見え見えです。興味をつなぎ留めるために過剰で扇情的なタイトルの記事を多数盛りこんでいるのは、ご存じの通りです。そうすると、どうしても自分に必要のない記事まで読んでしまい、時間をロスしてしまいます。

テレビは、どの局も似たような内容のワイドショーが多く、また話題になっているときは繰り返し繰り返し同じ内容を流します。あるドラマを楽しみにするなどはもちろんいいですが、情報感度を上げる目的であれば、気をつけて見るようにしないと、やはり時間をロスしますし、間違った印象を受けることが多くあります。

ネット記事ももちろん、すべて疑いながら読む必要があります。以下に述べるように常に冷静に判断しながら読まないと間違えます。

それでもグーグルアラートをお勧めする理由は、自分の意思で自分にとって大事だと思うキーワードをフォローすることができ、比較的無駄なく、意味のある情報、重要そうな情報を得ることができるからです。

二つ目には、**情報にふれたときに、「これは大事だ」と即座に感じ取れる点です。**これは意外に奥が深く、普段どのくらいその課題について考え続けているかに大いに左右されます。

例えば、「女性の社会進出」に強い関心を持っている場合、普段から関連の記事を読んで考えたり議論したりしていれば、男女雇用機会均等法の内容や、給与水準差、正社員・派遣社員比率などに関する記事があるたびに、何が本当の問題なのか、どういう改善努力がされているのか、報道内容と実態にどういう乖離があるのかなど、だんだん感度が上がっていきます。

海外との比較記事なども有用ですが、割合、文化の違いなどを表面的に描いただけのものも多く、信憑性も低い場合があります。慎重に内容を吟味して理解しないと、誤解しがちです。

基本は、受け売りではなく、すべての記事に対して距離を置いて読み、ある程度は客観性のある事実なのか、著者の想像の産物や決めつけなのか、著者が何か誤解していないか、著者に利害関係がないのか、著者は悪意・中傷意図で書いているのではないのか、そういったことをものすごく考えながら読みます。

以前、4月1日の記事は話半分で読んでいたと思いますが、今は365日がエープリルフールだと思って疑いながら読まないと、すぐに騙されます。

フェークニュースが横行していますので、この「疑いながら読む、少しでもおかしいと思ったらすぐ裏を取る」ことが重要です。

この数年で、ネット環境もすっかり悪くなってしまいました。ネット情報にそれほど不慣れでない人でも、引っかかるよう、手が込んできました。

例えば、医療情報サイトWelqのように、不正確・無責任な記事をばらまくことに何ら良心の呵責を感じないサイトもありました。出典をチェックせずに適当に書き散らかすいい加減なブロガーも多数います。それを確認せずにFacebookなどでシェアすることが大変多くなっています。

Facebookでシェアされたものは、注意せずにまたシェアする傾向があり、大変危険です。特にお涙ちょうだい式の記事や、放射能汚染などのシミュレーション結果、ちょっと気の利いた政権批判などは、一見もっともらしいと、本当はかなりでたらめにもかかわらず、シェアされがちです。「Facebook友だちがシェアしてくれた記事だからまともだ、ということが全くない時代になってしまいました。

また、ウェブサイトのなりすましも横行しています。URLが一見正しいので安心していると、なりすましだったりもします。仮想通貨・ICO関連では頻繁に起きています。

三つ目には、重要情報を何らかの行動につなげるという点です。行動につなげない情報収集は意味がありません。次の報告書に活かしたり、自分の身の振り方を考えたり、より深く知るために相談相手を探したり、技術進化を理解するためのセミナーに参加したりなど、何らかの行動を起こしていく必要があります。

記事を読む場合に、あくまでも「行動するための情報収集」という発想で取り組んでいただけるとよいと思います。記事を批判的に読みつつ、バランスのよい自身の知見を意識して持ち続けていただければありがたいです。

何となく思うことはだいたい正しい

こうやって、常に情報感度を上げておくと、必要な情報がいつも頭に入っています。考えをさらに深めることもやり続けるようになります。そういう状況では、「何となく思うことはだいたい正しい」と思っていただいてよいと思います。

このレベルまで来ると、疑問に思うこと、どういうことか想像できないことなどはせっせとグーグル検索をして調べることが身についていると思いますので、全く見当がつかない、ということがなくなってきます。

普段から、大切なテーマについて考え続けることもできるようになっていきます。考えをぶつける相手、もっと深く考えている相手もでき始めるでしょう。数ヶ月も続くと、そのテーマに関してだんだん専門家に近くなっていきます。

しかも、**そのテーマについて数百の記事を読み、議論し、疑問を解消し、新たに考えを深めている状況ですから、「何となく思うことはだいたい正しい」というレベルに達する**

のです。もちろん少しでも何か気になれば、すぐに他の情報収集をして裏を取ります。

別の言い方をすると、勘が働くようになるということだろうと思います。勘というのは、もちろん、当てずっぽうということではなく、アンテナを高く、かつ四方八方に張りめぐらし、真剣に考え、物事の構造や本質をとらえることでより真理に近づいていくという状態です。

「そこまで熱心にはできない」という方もいらっしゃるとは思います。「頭が悪いから？」いえ、そんなはずはありません。大切なテーマに関して記事を読み続けることに頭のよしあしは関係ありません。「そこまでやる気がないから？」そうでしょうか。仕事がなくなるリスクが高い今、「やる気がない」と言っていていいのでしょうか。

「自分にはできない？」そんなことはないと思います。多くの人の自分の成長への姿勢をあえて整理してみると、おおよそ次の通りだと考えています。

・本当に真剣で適切なアクションも取っている：10％
・真剣に成長に取り組みたいと考えているものの実際はそこまで行動はしていない：40％
・成長しようとは思っているが気持ち先行：30％
・成長の努力は自分には無理と考えている：20％

多くの人は、成功への努力をしようとしています。生き残ろうとするかどうかは自分次第です。

第3章

理解・実行
チェックリスト

- □ 将来どうなるかは誰にもわからないが、わからなくても別にいい。
- □ ただ、わかろうとする努力は必ず実を結ぶ。
- □ 「いつか」はわからなくても、方向はかなりわかる。
- □ 「いつか」も、おおよそわからなくもない。
- □ 情報感度を上げると、かなり見えてくる。
- □ 何となく思うことはだいたい正しい。

第4章

変化できると、対応力が上がる

人より先に変化せよ

誰も将来のことはわかりませんし、目の前のできごとに対してどうしたら一番いいのか、よくわかりません。そのとき、一歩も二歩も引いて、**皆がどう動くのかを待ってから動くという慎重な手もありますが、それだと手遅れになる、あるいは出遅れるというリスクが以前より高まっていると思います。**

せっかく動き始めても、他の人が動いた後なので、「早い者勝ち」には参加できませんし、よい提携先やよいパートナーはすでに他の企業、他の人が押さえてしまった後かも知れません。

先に動いた企業や人が必ずしもうまくいかず「それ見たことか」と思うこともあるとは思いますが、人より先に失敗をし、アプローチを修正して、人より先に二度目のトライを始めてノウハウを蓄積していくかも知れません。こうなると、到底追いつけなくなります。

こう考えると、「人より先に変化する」とリスクもありますが、メリットがリスクを上回るやり方もあるし、そういうふうにコントロールする必要があるのでは、と思います。

早期退職制度への応募などにもその傾向が出ています。できる人ほどさっさと早期退職します。様子見をしているうちに、本体の業績はがたがたと崩れていきますし、転職先の候補も先に出ていった人が埋めていってしまう、ということがあるかも知れません。

また、昨今、残業ゼロの実現をトップが本気で宣言し、3ヶ月後からは残業ゼロが強制的に実施されるケースが出始めています。素早く変化できる人はさっさと仕事を整理し、無駄と思われる仕事は極限まで削って、新しい業務目標の達成への準備に入るのに対し、様子見をする人は「トップが本気で言っているはずはない」などと決めこみ、船に乗り遅れてしまうのです。

人より先に変化することの最大のメリットは、準備がしっかりできて好循環を生み出しやすくなり、先手必勝ができることです。心の余裕も生まれるので、ストレスが少なく、

自分の能力を余すところなく発揮しやすくなります。

「リスクを取らないサラリーマン」のほうが結果的に生き延びたり、昇進したりした時代がその昔あったのかも知れませんが、もはやそういう時代は終わったとみたほうが安全です。何より、安心しきっていた親方日の丸の会社が事業再建モードに入ったり、外資に事業売却したり、会社全体をファンドに買収されてばらばらにされたり、何が起きるかわかりません。

日本的なのんびりムードはもはや危険です。グローバルカンパニーでは許容できない、生産性の低い組織運営、企業風土が過去数十年続いていましたが、もう、そういった日本企業の賞味期限はほぼ終わりました。

米国を中心とする世界のトップ企業の時価総額は50～100兆円です。かたや30年前には世界的といわれた日本企業の時価総額は、トヨタ自動車などの例外を除き、数千億円からせいぜい数兆円と決定的な差がついてしまいました。

日本的経営にはもはや競争力がありません。理由は三つです。事業構造改革がなかなかできない意思決定の弱さ、IT、インターネットを使いこなせない弱さ、外国人を使いこなせずグローバルカンパニーになれない弱さです。

これらの結果、会社に頼ろうとしても頼れる状況ではなくなりました。**人より先に変化することが極めて重要な時代になりました。**

JAPAN POWER
GLOBALIZATION

変化することが大切

どうなるかは誰にもわからないので、変化することが大切です。変わる、というところに価値があります。

どうなるかは誰にもわからないとはいっても、どちらの方向かということが全く見えないというわけではありません。

変化したほうがよさそうなときは、さっさと変化してしまう、少なくとも今までのやり方と違うやり方をとってみる、ということが大切です。間違って動いてしまうリスクと、何もせず動くこともできないことによるリスクを比べると、動かないリスクのほうがよほど大きいのでは、という考え方です。

「変化する」と「現状に固執する」の間には大変大きな差があって、情報の取り方も、情報への反応のしかたも、他の人とのコミュニケーションの内容も、全部が大きく変わって

いきます。

現状に固執している間は、頭も外部情報に対してシャットダウンしていますので、本当は何がいいのか、今何が重要になっているのか、今のままだとどうなってしまうのか、など本来考え続けないといけないことを無視したまま、日々過ごすことになってしまいます。

変化さえしていれば、チャンスを見過ごしたり、わかっていて動けなかったりすることがかなり減ります。初動がずっと早くなります。

冬の北国で、エンジンのアイドリング運転を始めておき、窓ガラスの雪・霜を溶かしておけば、車に乗ってすぐに出発することができますが、そうでなければすぐには動けません。変化の準備をしておき、何かがあればすぐ対応するのがチャンスを大きくしてくれます。

変化していれば、いい方向に向かう

変化を恐れる人からは、「どっちに行くんだ」「そっちに行って大丈夫なのか？」「落とし穴がいっぱいあるのではないのか？」「どうしても必要だったら後から行けば十分だ」というようなせりふが出てきそうですが、技術も事業も規制も変化が激しい昨今、そういった躊躇が命取りになります。

数歩出遅れることによる不利な状況は、なかなか挽回できるものではありません。

方向を過度に心配することなく、変化さえしていればいい方向に行く、と信じて進んでいくと、初速がかなり上がります。初速が上がれば、何かと準備しやすく変化しやすくなりますので、結果としては試行錯誤の回数も増え、ＰＤＣＡがどんどん回ります。

そうすれば、人より先に動いているので、先行優位になります。もし失敗しても挽回のチャンスがあり、進める上で必要な知見も身につき、助けてくれる人も見つけやすく、結果が出やすくなります。変化そのものがよい方向に導いてくれると思います。

一方、変化を恐れていると、数歩か数十歩出遅れ、試行錯誤があまりできないので、方向もよくわかりません。方向がいいのかどうかも判断しづらい状況になってしまいます。

変化することで、コツがつかめる

変化していれば、だんだんコツがつかめてきます。

どちらの方向に動くべきか、その初動としては何をすべきか、仲間をどう作って増やすか、リスクをどうやって最小化するか、どうやってノイズを抑えるか、などのコツですね。

変化することが日常動作になっていきますので、あまり頭を使わなくても体が慣れていきます。情報の取り方、感度、状況整理のしかた、判断のしかたなどが一番いい方法に落ち着いていく、という感じです。

何か一つの方法に頑なにこだわって、肩に力の入っている状況とは真逆です。肩に力が入っていると、もしかするともう少しいい方法があるかもと思っても、面倒くさくなったり、変えることや失敗することが心配になったりして、動くことができません。

やっぱりやってみようと思うときには、他の人がもう動き始めた後なので、遅れて始めることの不利さが気になりますし、実際手遅れにもなったりします。

サッカーやバスケットボール、テニス、スキーなど大半のスポーツでも、トッププロは体が完全固定という時間がなく、常に動いていますが、あの感覚に近いと言ってもいいかも知れません。ゆらゆら、ふらふらしているから動くときは一気に動く、という状況が作り出せます。

第4章の

理解・実行チェックリスト

- [ ] 人より先に変化すると、メリットがリスクを大きく上回る。
- [ ] 動かないことがもはや大きなリスク。
- [ ] どうなるかは誰もわからないので、先に変化することが大切。
- [ ] 変化さえしていれば、いい方向に行く。
- [ ] 変化していれば、コツがつかめてくる。
- [ ] 情報の取り方、感度、状況整理のしかた、判断のしかたなどが鍵。

第5章

変わることを恐れる本当の理由

「変化できない」に大した理由はない

第5章では、変わることを恐れているのは「ただの癖」という点についてお話しします。**恐れには大した理由がなく、自分で特に理由も意味もなく決めているだけでは、というポイントです。**

変化しなければいけない肝心なときに、「やったことがない」「今までのやり方と違う」「うまくいきそうな感じがしない」「きっとリスクがありそうだ」「自分にはうまくできそうにない」などいろいろな理由が浮かびますが、どこまで意味のある理由なのでしょうか。

仕事柄、成長したいという多くの方の助言をしてきましたが、メールへの返信のしかた、情報収集のしかた、部下へのコーチング、周囲とのコミュニケーションのしかたなどであっても、それまでの自分のスタイルを変えることへの不安があり、踏み出すまでに時間がかかるのが普通です。

ただ、なぜ今まであるやり方をしていたのか聞いてみると、大して理由がなく、何となく今までそのやり方をしていただけ、という答えがもっぱらです。「だったらこうやったほうがずっといいからやってみたら」と申し上げると、「う〜ん」とか「あ〜ん」とか言うだけでなかなか着手しようとはしません。

例えば、メールへの返信のしかたであれば、私は、会議などが終わればすぐにメールの返信をすることで、決して溜めないこと、結果として毎日10回以上はメールをチェックして返信し、対応することをお勧めしています。そうすれば、確実に、仕事が大きくはかどるからです。

それに対して、「メールをチェックしていたら集中できない」「メールを頻繁にチェックする時間をとても取れない」などの反論をよく聞きます。

メールを溜めるほうが本当は集中できないですし、仕事が進まないのですが、まずはできない(と思っている)理由から出発する人がほとんどです。「なるほど、やります」と言う人でも、本当にその日から私の提案を取り入れる人は決して多くはなく、何日も続けて取り組む人は一握りになります。

ただ、私の見る限り、メールを頻繁に返信しない大きな理由はありません。自分の段取り、仕事の順番、自分が考える仕事の優先順位をただ変えたくない、というだけのように思います。

明確な理由があって変えないのならまだわかるのですが、仕事は速くしたい、家にはできれば早く帰りたい、力もつけたい、メールのチェックのしかたを変えるほうがいいことも頭ではわかった、でもなぜかおっくうだ、気持ちがいまいち進まない、という状況は私から見ると意味不明で、もっと言うとナンセンスとしか思えません。

また、情報収集のしかたであれば、私は、重要なキーワードをグーグルアラートに登録することで、毎朝そのキーワードを含む過去24時間の記事が送られてくるので漏れがなく、網羅的に重要情報を押さえることができるとお勧めしています。

それに対して、読めばいいかも知れないけれど、忙しくてとても読めない、という反論を結構聞きます。重要なキーワードを含む記事を毎日数十読むのは、仕事に本気で取り組む人にとっては、仕事の糧にもなりますし、状況把握をするための必須ツールでもあります。情報を押さえないで、いい仕事はできません。これもやはり、自分が本当に成長し、力をつけたいということではないのでは、と思います。

そういう人に「本気で成長したいですか」と聞くと、99%、即答で「もちろんです」と言うのですが、行動は別です。

部下へのコーチングであれば、私は上司には二つの役割があると考え、経営改革プロジェクトなどで接する数多くの上司の方にご説明しています。

一つは、部下をフル活用して部署に与えられたターゲットを確実に達成すること、もう一つは、部下をできる限り育てることです。

それに対して、ほとんどの上司は部下を育てている、コーチングしていると言いながら、昔ながらの「丸投げ」「極端に大変なゴールの設定」「放置」「精神論のみでの叱咤激励」で終わっており、それで人が育つと信じこんでいるようです。あるいはそれに逃げているようです。

そういうやり方をするとつぶれる人が多いし、それでは今の20代にも、多くの女性にも、外国人にも通じないので、もっと具体的に価値ある助言をし、適切なゴールを設定して、部下に成功体験を提供するほうがよほどよいと申し上げるのですが、大半の人は、聞き流します。何となくそうはしたくないようです。

これは明確な理由をうまく言えないのではなく、大した理由がないから言いようがないのではと感じさせます。

「ただの癖」でたまたまやっているだけ

誰にでも、何らかの癖があります。

部下が失敗して大穴を空けたとき、まず叱りつけ、小言をさんざん言ってから今後への教訓を垂れる上司が多いと思います。

問題の種類によっては複雑な背景があるため、部下の気持ちを探り、うまくいかなかった理由を丁寧に把握して再発防止しなければならないときに、ともかく頭ごなしに叱りつけます。

部下が前向きな気持ちで取り組んだがたまたま悪い巡り合わせで起きてしまった失敗、不可抗力的だった失敗、あるいはいい加減、不真面目にやった結果の失敗を正しく区別して、それぞれに適した対応をしたりすることはあまりしません。

「ただの癖」でまず叱りつける人が多いように思います。感情が爆発するのも「ただの癖」

です。

部品のサプライヤーが問題を起こして、構造的な問題や本当のニーズを探らなければならないときに、「ただの癖」で、ほとんどこちら側の主張を一方的にまくし立てるだけになり、サプライヤーの本音や現場の実情に関しては通り一遍のものしか聞き出せなかったりします。

会議を仕切る立場であっても、「ただの癖」「いつもの習慣」で、脊髄反射的に反対意見を押しきったり、誰かが長々と発言しても制止せず、黙って聞くだけだったりします。

これらには、もともと何らかの理由があったかも知れませんが、多くの場合、形骸化しており、今そのやり方がベストでも何でもないのに、続けているだけになっています。

ですので、「どうしてそのやり方を取っていますか？　ベストな方法でしょうか？」とお伺いすると、「いやあ」「そのう」になってしまいます。

今そのように行動している理由がなく、ただの癖、いつもの習慣というだけなのです。

「どうせ」「私なんか」という口癖をやめる

人によっては、「どうせできない」とか「私なんかとても無理」とよく言いがちです。ただこれも、口癖であり、ただの癖ではないかと思われます。

そういうとき、何も考えておらず、反射神経的にそういった言葉が出るとしか思えないことがほとんどです。自分から線を引いている様子です。

例えば、新しいプロジェクトの打診があったとき、「どうせ私にはできない」「私なんかとても無理」と言って、せっかくの話を断ろうとする人をよく見かけます。「どうせできない私」という地位に安住していたほうが、差し当たりは気が楽で、特別な努力もしなくて済むので楽だという逃げです。

それではだめだということは頭ではわかっているものの、体がついていかない感じなのでしょうか。

誰かに「そんなことはないよ。君ならきっとできるよ。頑張ってみようよ」と言ってほしい、励ましてほしいという気持ちもゼロではないでしょう。**客観的に見れば、できても不思議はないスキルと経験がなくはないのに、二言目には「どうせ」「私なんか」と言ってしまうのは、癖でなくて何でしょうか。**

また例えば、海外からの来客で急に通訳が必要になったとき、「自分はTOEICが300点だから通訳なんかとても無理」というならまだわかりますが、そうではなく、留学経験がありTOEICが850点を超えていても、「こんなむずかしい会議での通訳なんか、どうせ失敗する」「私なんかにはとても務まらない」とむやみに卑下するだけです。

英語がどのくらいできるのか、どういう点はできるがどういう点は少し支援が必要なのか、といった問題解決的なモードではなく、ひたすら心配性で、リスクが少しでもある仕事は避けようとするだけです。

面倒な仕事でないとは言いませんが、会社の上層部や海外子会社の幹部との接点もできる絶好の機会にもかかわらず、ひたすら自信のない態度を取り続けるだけなのは非常にもったいないといつも思います。

あるいは、新しいプロジェクトを立ち上げないといけないとき、同じように「私なんかとても無理」と尻込みする人と、「やってみないとわからないけれど、面白そうだからやってみよう」という違いですね。

何かをなし遂げる人は、「どうせ」「私なんか」とほとんど言いませんが、そうではない人に比べて特にスキルが高いとか経験が豊富ということではありません。そういう言い方をする口癖がなく、そういう考え方をしないことが大きな差なのだろうと思います。

変化を恐れるのは「ただの癖」

変化を恐れる人とそうでもない人がいます。私はこれも「ただの癖」だと考えています。恐れることに大した理由などありません。

「やったことがないから」「うまくいかないと嫌だから」「うまくできなくて恥をかくのは嫌だから」「今までのやり方と違うから」「変えること自体、嫌だから」「あなたに言われたくないから」などなど、できない理由のオンパレードです。

一つひとつに何か意味があるでしょうか。私には、ただやりたくない、というだけとしか思えません。

また、「人と違うことをしたくないから」「前に失敗したから」などもよく聞きます。過去に何かあったようですが、この場合も、ただやりたくない、の延長線上にあります。

申し上げたいのは、変化を恐れる人に大した理由があるようには見えない、ということです。

「自分は変わろうと思っている、でも変化がこわい」という人に対してどう言えば少し響くかも知れないでしょうか。

「変化がこわい強い理由がありますか。それは『ただの癖』でそう考えているだけではありませんか。自分を客観視してみると、大して理由がないのに癖で言っているだけということはありませんか」

「変わらない理由が本当にありますか。変化したくない、というだけの理由ではありませんか」ということです。

変わらない理由が実際はほとんどない、ないにもかかわらず、むやみに変化を恐れて一歩を踏み出さない、というのは本当にもったいないと思います。

SPECIAL OFFER
ムリ
ムリ
ムリ
ムリ
ムリ

過去の失敗にとらわれない

以前、何か失敗をしたとか、うまくいかなかったということで、「二度とやるものか」と思いこんでいる人は多いでしょう。確かにそのときは失敗した理由があったかも知れません。

例えば、だらだらした会議を見直してもっとスムーズな意思決定をしようと提案した人がきっといるでしょう。

ただ、そのときの上司は、会議で延々と議論するのが好きでその信奉者だったため、取り入れてもらえなかっただけではなく、「会議に対して不真面目だ、本当にやる気があるのか」とまで罵倒されて、非常に嫌な思いをされたかも知れません。

また、ある企画提案をしたら頭ごなしに否定された経験があったかも知れません。

それも、相手も違えば、企画のテーマも違う、こちらのスキルも大幅に上がったので大きく違う、とはいえ、前の嫌な気持ちが消えないのはよくわかります。

また、入社当時は元気で他部門の人にも積極的に話しに行っていたものの、そのときの上司に「おしゃべりせずに仕事をさっさとやれ」と言われて二度と話しに行くものかと思った方もいらっしゃるでしょう。

失敗したとき、嫌な思いをしたときとは事情がかなり違っている場合も多いですし、前に失敗したからこそ、今回はうまくいくかも知れません。時間がずいぶんたち状況も大きく変わった今、再度トライしない理由はあまりないかと思います。

第5章の

理解・実行チェックリスト

- □「変化できない人」には大した理由がない。
- □「変化できない人」は「ただの癖」でそうしているだけ。
- □「どうせ」「私なんか」は口癖、ただの癖でそれ以上深い意味はない。
- □ 変化を恐れるのも「ただの癖」以上の理由は多分ない。

第6章

変化するための「魔法の言葉」

癖をなくす方法とは

そうはいっても癖は癖。いくら言われても、なかなか自分では変えられないと思いがちです。自然に身についたものであるだけに、意識せず、気にも留めずやってしまっているだけに、変えることはむずかしいというのは、よくわかります。

ただ、私は多くの方と接し、コーチングする中で、そういった癖から抜け出していただく方法をいろいろ工夫しました。癖には大した理由がないにもかかわらず、思いこみが大きく影響します。その思いこみをはずすための方法論です。

自分でもやってみていますし、多くの方にこう考えてみてはどうだろうか、とお話しし、試していただきました。その中から、**癖を意識的に変えやすくする「魔法の言葉」がいくつかありますので、ご紹介します。**

言葉だけではありますが、考え方そのものに響きます。ある種の免責をしてくれます。気休めにもなります。自分の信条を曲げなくてもいいんだと感じられる方法でもあります。行動を変える上で実際に効果がありますので、ぜひやってみてください。

「振り子を一回大きく振ってみよう」

まずは、「振り子を一回大きく振ってみる」ということです。自分にとっては自然に感じ特に意識せずにやっていたやり方も、他の人から見たら偏っていることがよくあります。仕事のしかた、物の見方、人への接し方など、バランスが悪く自分のやり方を押し通している感じですね。

そのとき、どんなに言葉を尽くしてもピンとこなかったり、あるいは反発を感じたりされます。「自分は全然おかしいと思っておらず、確信を持ってやっていることだ。それなのに、何度も言われて不愉快だ」というような感じになります。

こちらからの提案、周囲からのフィードバックが全く伝わらない状況です。

そういう場合、「振り子を一回大きく振ってみては」と言うようにしています。

例えば、非常に真面目な上司が、仕事に対して真剣に向かうあまりに部下に対して高圧的に接してしまう場合です。

「部下を甘やかすとろくなことにならない」「部下には厳しく接することこそが上司の愛情だ」と信じこんでおられることが多く、なかなかパワハラ的態度を変えていただけません。

それに対しては、次のような会話になります。

私：「Aさんが非常に真面目なことはよくわかりますが、部下に対してそんなに高圧的に接すると部下は萎縮してしまいます。そうすると、仕事も伸び伸びできず、いい結果につながりません。やる気が出ず、上司のことも尊敬しませんし、成長も遅くなってしまいます」

Aさん（上司）：「私は高圧的になんか接していませんよ。部下のためを思って、厳しく接しているだけです。高圧的と厳しいのは違います」

私：「部下から見たら、大差ありません。Aさんは部下が萎縮しているというのはわかりますか」

Aさん：「それはわかります。やる気があまりないのもわかります。だから余計、厳しくしているのですが」

私：「もし本当に部下を育てたいなら、また結果を出させて成功体験を持たせたいなら、振り子を一回大きく振ってみてはどうでしょうか。これまでとは思いきって違うやり方をやってみるということです。しかも少しだけ改善しようとしても変わりませんから、Aさん、熱でもあるのですかと言われるほど思いきって振り子を振り、違うやり方を演じきるのです。具体的には褒めて伸ばす、部下の話を丁寧に聞いて、自主性を持ってもらえるようにする、というアプローチです」

Aさん：「なるほど、あまりそういう考え方をしたことはなかったですね。でも、大丈夫なんでしょうか。甘くなったりしないのでしょうか」

私：「いえ、全然心配いりません。むしろ、彼らは必ず元気になります。自分を尊重してくれる上司のため、もっともっと頑張るようになります」

Aさん：「そうでしょうか。彼らはサボらず、ちゃんとやってくれるのでしょうか」

私：「部下を信じてあげてください。彼らも一生懸命です。別にAさんに厳しく言われなくても、十分わかっています」

Aさん：「そこまで言われるなら、一度やってみようかと思います。結果は保証できませんが」

私：「はい、ぜひそうしてみてください。全く違う自分になりきってみる、というやり方です。私の知る限り、そうやって初めて、自分の癖、考え方を一度抜けることができます」

こういう感じですね。

相手の主張を否定することなく、人間性についても触れることなく、成果をけなすことなく、「まあ一回やってみてください、でもやり方を思いきって変えてみてくださいね」「振り子を一回大きく振ってください。そうしないと前とあまり変わらなくなってしまいますから」というスタンスです。

「百歩譲ってやってみよう」

もう一つ有効な魔法の言葉は「百歩譲ってやってみる」というものです。自分の信条を曲げる必要はありません。相手が本気で、真剣にこちらのためを思って言ってくれているのであれば、「納得はしていなくても、一度はやってみるか」という感じです。自分は全く妥協しないものの、自分の普段の行動と違うことをやってみる、ということです。

納得しようとすると、いつまでもできません。入り口で壁にぶつかってしまうからです。納得していなくてもやってみる、というのは、相手の立場を尊重して、自分としては信じていないけれど、一度だけやってあげよう、という感じですね。

納得しないでもやってみる、ということができるようになると、途端に自由度が上がり、ストレスを感じることなく今まで馬鹿にしていたり、低く見たりしていたことも試す余裕が生まれます。

百歩譲ってやってみる、すなわち納得しないでもやってみる、というやり方が優れている明確な理由があります。自分が納得できることが一番正しいとは限らないからです。自分が納得できることというのは、自分で過去見たことがあるとか、先輩がいつもやっているとか、教えられたとか、たまたまそのやり方で前にやってうまくいったとか、その程度のことです。

したがって、納得できることだけやっていれば、必ずしも今の自分にとってベストではないことを続けることになります。しかも、何が正しくて何が正しくない、今何をすべきで何はすべきではない、ということに関して考えることをやめてしまいます。

この方法が優れているもう一つの理由は、「納得できなくてもやってみることで、普通ならやらないことにも挑戦できる」ということです。確実に自分の枠が広がります。経験則だけで判断しなくなり、視野が広がります。体験の幅が広がります。

なかなかできないとは思いますが、自分の幅を広げるため、何がベストかを知るため、ぜひやってみてください。

「騙されたと思ってやってみよう」

「騙されたと思ってやってみる」ことも、かなり抵抗を下げ、ストレスを下げてくれるので、変化を受け入れやすくなります。

「相手の言うことに全然合意できない。でも、試してみるように真剣に言ってくれている。誠意を感じる。内容には全く賛成できないが、そこまで言うなら相手の顔も立てて、騙されたと思ってやってみよう」というような考え方です。

これも、自分の信条を曲げることなく、新しいもの、新しいやり方にチャレンジするいい方法です。別に信じなくてもいいのです。誰かが誠意を持って強く熱心に説明してくれるので、やってみるだけです。

相手は考えた上で勧めてくれていますので、第三者から見ると自分にとって決して悪いやり方ではありません。違和感のない、やってみれば絶対いいのに、と思えるようなことです。

一つだけ注意点があるとすると、「騙されたと思ってやってみる」とはいえ、嫌々やるとうまくいくはずのものもうまくいきません。また中途半端にやってもうまくいきません。やると決めたからには、割りきってちゃんとやりきる必要があります。

子どもではないので、やることにしたものの見るからに嫌々やっていて、誰が見てもうまくいくはずがないような姿勢でお茶を濁したりすることは、潔くなく、かっこう悪いです。

ちゃんとやってみて、それでも「やっぱり、思っていたように、やるべきではなかった。自分が正しかった」というのであれば、やめればいいのです。

「騙されたと思ってやってみる」ときに大事なのは、相手を信用できることです。他の件で信用できるからこそ、その人が強く説明し勧めてくれるのであれば、「騙されたと思ってやってみる」ことができます。相手をある程度以上、信用できるからこそ、いったん身をあずける、という感覚でもあります。

「だめ元だと思ってやってみよう」

結果を考えすぎ、結果を期待しすぎるから、やってみるのが嫌になる場合もよくあります。そういう場合は、「だめ元と思ってやってみる」という言葉がしっくりくるかも知れません。

「だめかも知れないけれど、うまくいく可能性もなくないからやってみよう」「別に大して期待しているわけではないけれど、手間がかかるわけではないからやってみよう」「だめ元なんで、さらっと試すにはちょうどいいや」という感じですね。

期待値を下げるとなぜいいのかというと、いくつか理由があるかも知れません。

多分一番大きいのは、「期待している自分がちょっとはずかしい。かっこう悪い。自分は別に期待なんかしていないいんだよ。こんなもの」というように思いたい、ということだろうと思います。ほしいならほしいと素直に思うことができればいいのですが、そうは思えない、思いたくないところがやや屈折した部分です。

また、「大したことないから結果なんかどうでもいいんだよ。うまくいかなくたって自分は何も困らないんだよ」ということもあるかも知れません。こちらも恥をかかないように、という点では同じですが、失敗した場合への押さえをしておきたいというところでしょうか。

あるいは、人に何か言われたときに言い逃れしやすい、ということもあるかも知れません。自分の行動を変える場合、人との接し方にも大きな影響がありますので「何か気づかれたらどうしよう、何か言われたらどうしよう」という心配があるのはよくわかります。

そのときに「いや、別に〜」「うん？　何でもないよ」と軽くかわすためにも、「だめ元」くらいの適当さがちょうどよいのかも知れません。

どちらにせよ、自分の期待を下げることにより変化することができるなら、新しいことにチャレンジできるなら、それはそれで悪くないことだと思います。

期待値

「月曜・火曜だけやってみよう」

振り子を一回大きく振ってみるのも、百歩譲るのも、騙されたと思ってやってみるのも、だめ元と思ってやってみるのも全部嫌という場合、もう一つ別の方法があります。

それは、「月曜・火曜だけやってみる」というふうに、時間を区切ってやってみる方法です。

「こうやったらいいよ」と勧めてくれる人に賛成する必要はありません。相手に譲るというわけでもありません。「そこまで言うんだったら、数日だけやってみようか」というノリです。

相手の意気を買って、期間限定でやってみるだけです。

期間限定でやってみるのがいい理由は、「全部を受け入れるわけでは全然ないのだから「月曜・火曜だけやってみるだけだから」と考えやすいからです。

やってみないとわからないことがあるのは、もちろん理解できるでしょう。といって全面的に受け入れてやってみるというのもしゃくに障るし、失敗もするだろうし、うまく切り替えられないかも知れないし、これまでのやり方を一度止めてしまうと戻すのも大変だろうし、ということで「月曜・火曜だけなら、ずっと続くのではないなら、やってみてもいいかな」というような考え方です。

もちろんある種の逃げなのですがそれでも実行できたら御の字です。

「午前中だけやってみよう」

「月曜・火曜だけやってみる」ことができるものもあれば、「午前中だけやってみる」ほうがやりやすいものもあります。

例えば、「一方的にしゃべるのではなく、人の話をもっと聞くように変えたい、変わりたい」という場合です。外部とのやり取りも含めて忙しくなる午後ではなく、あまりどたばたしていない午前中に限って相手の話を徹底して聞くようにしてみると、意外にやりやすいかも知れません。
「午前中は、自分がほとんど話すのではなく、相手の話を聞く時間を70％にして、自分はひたすら聞く」というような感じです。

また、「メールを溜めずに素早く返す」ことがどうしてもできず仕事が滞っていた人が、「午前中だけはメールを来た順にすぐ返す。後回しにしたり溜めたりしない」と決めるのもよいことだと思います。
メールを素早く返せるようにするには、ミーティングや外出が多くて忙しい午後ではなく、まずは午前中だけやってみるほうが続きやすいからです。

メールを素早く返すことに反対しているわけではないものの、やろうと思ってもできない人ができるようになるには、ブレーキになる要素をできるだけ減らそうという発想です。

負担を減らして、やりやすい時間帯から始め、よさを理解し新しいスキルが身についてくれば、もともとやりたくてもいまひとつできなかったことができるようになる、ということですね。

「誰にも頼れないと思ってやってみよう」

誰かがやってくれるだろうと思うと、どうしても流されてしまいます。それだからこそ、「誰にも頼れないと思ってやってみる」と自分に言い聞かせ、無理に追いこんでやってみる、という方法もあります。

もちろん自分で追いこんでいるだけですから、「やっぱりやめておこう」「誰にも頼れないというのはうそだし。何も自分がやることはない」と悪魔のささやきが聞こえることはあります。

ただ、それにいつもいつも負けるわけではありません。それどころか、慣れてくると、悪魔のささやきがあるときほど、「何くそ」とやってみることもできるようになるかも知れません。

私たちの性格は、育った家庭環境と兄弟姉妹との関係に大きく影響されます。長男長女は、いつも弟・妹の面倒を見ながら育ったため、それが比較的自然に身についています。ところが末っ子は面倒を見てもらうのに慣れているため、やや依存体質があるかも知れません。

もしそういう場合は、余計に「誰にも頼れないと思ってやってみる」のが効果的なのかも知れません。

「誰かのためにと思ってやってみよう」

逆に、「誰かのためにと思ってやってみる」ほうがやりやすい場合もあります。

本当はあまりやりたくないことでも、自分が大切に思う誰かのためにであれば、思いきってできるかも知れません。いいのかも知れないけれど気が進まない、というときには、「誰かのために」と考えると背中を少し押してもらうことができます。

「誰かのために」と思うとやりやすいのは、自分の信条、価値観、決めたやり方を曲げるのではなく、その誰かのために今だけ変えてやってみると思えるからです。

そう思ってやってみると、多分意外にうまくいくので、その後も別に誰かのためにと思わなくても続けていくことができます。

変化すること、新しいやり方を試してみることにどうしても抵抗がある場合に、他人を理由にしてやってしまう、というやり方です。

例えば、すぐかっとなるために仕事もうまくいかず、家庭でもすぐ怒鳴り散らして家族に嫌われている父親が、何とかしたいと思っているときです。

感情を抑えられないことが自分の欠点だと何度も上司や妻、親にも言われ、自分でも本当はわかっています。最近、親しい友人の事故死などショックなことがあって、自分も今度こそ生まれ変わらなければと痛感しています。

そういうとき、子どもが受けているひどいいじめについて、子どもの小学校の担任教師から相談がありました。これまではつっけんどんでろくに話もしなかった父親が「子どものためを思って」頑張って丁寧に話を聞き、「クラスをちゃんとできないおまえのせいだろう」と担任教師に怒鳴らず、どうすればいいのか、家庭ではどう支援すればいいのかを話せた、というような感じでしょうか。

自分を変えられない人ほど、「誰かのためにと思ってやってみる」というのはストレスを減らしてくれるかも知れません。

「相手に負けるわけではないと思ってやってみよう」

何ごとも勝ち負けで見てしまいがちな人が意外に多くおられます。幼少期から兄弟姉妹と競争をして生き抜いてこられた方、親からどんなときでも、どんな手段を使ってでも人との競争に勝つことを叩きこまれた方など、人の言うことを聞いて何かやってみるというのがともかく嫌いなようです。

人の言うことを聞くと、負けだと思ってしまうのかも知れません。理由など大してなさそうですが、脊髄反射的に負けを感じ、それを避けようとされるようです。

変化することだけではなく、何においても「勝ち負け」で物を見るので、仕事もプライベートもスムーズにいきません。常に妙な競争心が足を引っ張ります。

結果にものすごくこだわるので、営業などをやるとトップセールスになることもあるようですが、本当の意味で人とうまくやることも、部下を育てていい組織を作ることもできません。

そういう人が何とか変わろうと思うとき、どうするかです。

身にしみついた「勝ち負け」「人には絶対負けない」という強烈な刷りこみを一度横に置いて、言われた通りの新しいやり方を取り入れるのは、決して「相手に負けるわけではないと思ってやってみる」だけであり、決してそれ以上ではない、と思えるかどうかですね。

もしそういう方がそれでもだめな場合、ぜひ遠慮なく私にメールをいただければと思います(akaba@b-t-partners.com)。多分、何かさらに抵抗感を減らすやり取りができると思います。

「いいと思わなくてもやってみよう」

同じように、「決していいとは思わないがやってみる」のも気持ちを楽にします。

自分を捨てるわけでも、妙に妥協するわけでもなく、いいとも思っていないけれど、あまりに言われるのでやってみるだけです。

前から一度やってみようかなと考えてなかったわけでもないので、そうまで言われるならちょっとやってみようかな、という程度です。

うまくいかなかったら、さっさと元に戻せばいいので、別に問題ありません。

いいと思ったからやる、いいと思わなかったからやらないという話ではなく、まあやってみるだけなので、肩に力も入らず、適当です。でも、その程度のほうがいいのです。考えすぎるから、こだわりすぎるから新しいやり方ができないということもありますので。

例えば、「メールは再利用可能そうな文章を再利用フォルダに入れて保管しておいたほうがよい」と上司に言われて、これまでは納得できてなかった場合です。

再利用すると、文章の流れがおかしくなるので、きっと相手は違和感を覚えるだろうとか、メールを読んだその場で新鮮な気持ちで返信しないと相手に気持ちが伝わらないとか、いちいち保管し探し出すのが面倒だとか、いろいろ納得できていなかった理由があります。

ただ、仕事柄、似たようなメールを何度も違う相手に送らなければならない状況ですし、仕事量も多すぎて返信がどんどん遅れるようになってしまったので、上司の勧めにそって一度やってみようかという気になった状況です。

過去1週間に書いたメールを全部印刷してみると、実はかなり近い内容を毎回ゼロから書いていたことに気づきました。自分としては、顧客からのクレームへの対応として真心を込めて書いていたつもりが、実際は状況に応じて、おおよそ6～7種類ほどのパターンで返信していたのです。

上司に言われていたので、余計、絶対に再利用などするものかと思っていたのに、実際自分が書いたものは驚くほどパターン化し、何度も何度もその形で書いていたことに気づきました。仕事が全然回らない状況ですので、そのうち、典型的な7パターンをそれぞれ2種類ずつ再利用フォルダに入れてやってみることにしました。

それ以降、顧客からのクレームが来るたびにパターンを判断して数秒後には文面の大半ができ上がるようになったのです。メール作成時間はそれまでの1/3以下になりました。

決していいとは思わないが、やってみた結果、自分の判断が正しくなかったことに気づいた、という例です。自分が決めていたあるやり方にはもちろん正当な理由があるでしょうが、状況によっては、そうでもなくなっているということはよくあります。

決していいとは思わなくても、上司や周囲の人が「まあ一度やってみたら」と何度も勧めてくれるものは全面否定し続けるのではなく、肩の力を抜いてちょっとやってみるのも手です。

The BEST ADVICE
半信半疑

「すぐやめればいいと思ってやってみよう」

「やってもすぐやめればいい」と思うと、実行へのハードルが下がります。誰に対して恥をかくわけでもなく、続けるコミットメントをするわけでもなく、試しにやってみるだけです。

メールの返信のしかたでも、人とのコミュニケーションのしかたでも、情報収集のしかたでも、企画書のまとめ方でも、今までと違うやり方があって勧められているのにどうしてもできない場合、「やってもすぐやめればいいと思ってやってみる」とハードルがぐんと下がります。

自分が決めたやり方があって、前それでうまくいったこともあるから変えたくなかったのでしょうから、それを変えるのは自分を否定されるような気がするのかも知れません。決して自分や自分のこれまでを否定するわけではないので、できるだけ軽い気持ちで取り組んでいただければと思います。仕事のやり方を変えることは、自分や自分のこれまでを否定することでは全くありません。

ここの切り分けがとても大切なのですが、多くの人が過去に上司や親に何度も否定され、人格否定などもされた結果、そういう気持ちになりがちなのだろうと思います。

ただ、いつまでもそういう人たちばかりではありません。同じような防御反応をし続けていると、過去のつらさが甦ってきますし、過去のつらさがいつまでもじゃまをし続けます。自分で敷居を思いっきり下げて新しい考え方にチャレンジしてみるのはどうでしょうか。

「いつでも戻せると思ってやってみよう」

同じように、「いつでも戻せるのだから」と思ってやってみるのも敷居を下げてくれます。

「変える」のではなく一時的に変えてみるだけですね。前のやり方を否定するとか変えるのではなく、少しの間だけ別のやり方をやってみる、というだけです。あっという間なので、戻せないということもなくなります。

前のやり方が一気にだめになるということはないので、安心してできるかと思います。こういうふうに感じる人は、多分ご自身のやり方に大変こだわりがあるのだろうと想像しています。部下とのコミュニケーションや、メールの返信のしかた、上司への報告のしかたなどもきっと決まった型があるのではないでしょうか。入社当時の上司に徹底的に仕込まれたのかも知れません。

それから10年も20年も、場合によっては30年もたって時代は大きく変わったので、自分の納得できる理由をつけて、新しいやり方にチャレンジしてみるのもいいことだと思います。

「しゃくに障るけど、やってみよう」

人の言うことを聞くのがともかくしゃくに障る、という人もいるでしょう。なぜそうなのでしょうか。人の言うことに価値があれば本来ありがたいと思ってもおかしくないのに、「ともかく嫌だ」という心の感じ方はなぜ起きるのでしょうか。

多分、「愛着障害」という言葉がうまく説明してくれますので少しだけご説明したいと思います。

愛着障害は、日本人の3人に1人はいるといわれ、私の体感ではもう少し多い感じもします。愛着障害は、家庭環境の結果生じる障害です。

私たちは、生まれてから特に2年間、母親から愛情を受けて育つことが多いわけですが、何らかの理由によってそれがかなわなかった場合に、その後の人格形成に影響するとされています。

愛着障害の人は、自己肯定感が低い、自信がない、不安感が強い、無力感、人の顔色をいつもうかがう、人と深い関係を作れない、人間不信、アダルトチルドレンなどの傾向があり、苦しんでいます。

そういう場合には、「人の言うことを聞くのがしゃくに障る」ということもよく起きます。勝ち負けに過剰にこだわったり、自信がなくて過剰に気になったり、負け惜しみをしたりしがちです。

「何が好きだとかそうじゃないとか、人の勝手だろう」と思われるかも知れませんが、それが本人の成長に大きく関わったり、変わる障害になったりしているとしたら、ただの好き嫌いの問題を超えていると思いますし、専門的知見を少し活かしてもいいのではないかと考えています。

愛着障害の改善には「安全基地」を作ることが必要です。自分のことを全面的に受け入れ、母親が提供できなかった安全基地を提供してくれる人・仲間をどう見つけるかが鍵になります。（詳しくは『愛着障害』岡田尊司著）をご覧ください）

愛着障害については、「Facebook上に「自分を取り戻す〜パワハラ・モラハラ・毒親への対症法」という非公開グループを2017年1月に作成し、4000名が参加されています。

かなり生々しい相談や助言もあって大変参考になりますので、もし関心があればご参加ください。

第6章の

理解・実行チェックリスト

- □ 癖を意識的に変えやすくする「魔法の言葉」がいろいろある。
- □ 振り子を一回大きく振ってみる、百歩譲ってやってみる、騙されたと思ってやってみるなど。
- □ 自分の信条を曲げる必要は全くない。
- □ 結果を期待しすぎないほうがよい結果になる。気軽にやってみるほうがよい。
- □ 曜日限定、時間限定でやってみると、意外によくできる。
- □ 相手に負けるわけではないと思ってやってみる。勝ち負けではない。
- □ 愛着障害によって、自己肯定感が低く、自信がないということを理解する。

第7章

変えてみれば、よさがわかる

やってみるからよさがわかる

変えることにどんなに抵抗があっても、**実際やってみると新しいやり方のほうがしっくりくることが意外に多いと思います。**もともとのやり方に大して理由がなく、決してベストでもなく、必然性もないのに癖、習慣でやっていただけだったりするからです。

「新しいやり方のほうがしっくりくることもあるかも」という程度のゆるい感じでぜひやってみてください。先入観、決めつけをなくしていくと、可能性は大いに広がります。それに戸惑いを感じる必要はないのです。

自分を見失うわけではありません。心を広く持って単にやってみるだけです。そのときしっくりくれば、恥をかくのではなく、むしろ称賛されるべきことです。

もし他の人が似たような壁に当たり、それを乗り越えられたらぜひ褒めてあげてください。仲間の応援はいつも非常に効果的ですし、自分にも戻ってきます。

壁に当たっているのも、それを乗り越えようともがいていることも、きっと手に取るようにわかっていると思いますので。

自分に向いている方法はいくらでもある

「自分のやり方」を大事にしている人は多いと思いますが、**自分に向いている方法は別に一つではありません。むしろいくつもあると考えたほうが自然です。**

なぜかといえば、普通の人は、「あらゆる場合を想定して分析し、自分のやり方がベストだと結論を出して取り入れている」ということは言うほどやっていないからです。

いろいろなやり方があって、自分に向いている方法もいくつか考えられるから、オープンな気持ちで、肩の力を抜いて取り組んでみては、という感じですね。

ただ、「自分のやり方」をどういうときに大事にすべきか、どういうときには柔軟に考えるべきかは結構大切です。相手がこちらの思いをよく理解した上で、どのくらい本気で勧めてくれるかが一つの指標になると思います。

こちらの思いを全然理解せずに、単に押しつけてくるのはもちろん論外です。十分理解した上で勧めてくれるなら、重みがあります。相手はかなりリスクを取って勧めてくれているわけですので、まあそこまで言うなら、というところでしょう。

やってみないと気づかない

これまで何年、何十年やってきたやり方と違うやり方をすれば、ずいぶん発見があります。やってみなければ気づかなかったことも多いと思います。

自分のやり方にこだわっていた場合、なぜそのやり方がベストなのか、今もベストなのか、他の方法はないのか、技術の進化をフルに活用しているのか、などをあまり考えなくなるからです。

考えなければ、発想も貧困になっていきます。頭はどんどん固くなっていきます。新しさに気づくこと自体なくなっていきます。

変えることで、そういう状況を一掃できます。新しいやり方でやってみて、感じる気持ちを大切にしましょう。春になって公園を歩くと、木の葉の新芽や、草花の新しい息吹や、鳥のさえずりを特に感じると思いますが、まさにそういう気持ちです。

感性が一気に刺激されて、多くの気づきが得られますし、気持ちそのものが豊かになります。

勝ち負けの発想をやめる

この章の最後に、多分一番大切なことをお話ししたいと思います。

「勝ち負けではないので、まずやってみる」という点です。自信がない人ほど勝ち負けにこだわって、自分のやり方を変えると負けたと思うのか、意味のないこだわりを持っているようです（先ほどの愛着障害が確実に影響しています）。

こだわりというのは、固定化された考え方で、以前のある時期正しかったかも知れませんが、それから何年もたち、今にも通用するかどうかは定かではありません。ところが、**「こだわり」があると、その吟味なしにあるやり方、考え方を持ち続けてしまうからまずいのです。柔軟性を失ってしまいます。**

そもそも仕事のやり方は、勝ち負けで決まるほど、単純ではありません。

話をしてくれる相手、助言をしてくれる相手はむしろ味方です。そこで勝ち負けにこだわる必要もなければ、勝ち負けそのものもどうでもいいことです。

そういうこだわりをできるだけ捨てて、どんどんやってみるとそのほうがしっくりくることもずいぶんあります。ぜひ、**ご自身を客観視して、少しでもオープンな気持ちでいていただけたらと思います。**

第７章の

理解・実行
チェックリスト

- □ 気が進まなかったことも、新しいやり方のほうがしっくりくる場合が多い。
- □ 自分に向いている方法は決して一つではない。
- □ 勝ち負けではないので、まずやってみる。
- □ こだわりをできるだけ捨てて、どんどんやってみるほうがよい。
- □ 自分自身の客観視が必要。

第8章

仲間がいれば、変わりやすい

変わるにはきっかけが必要

いろいろお話ししてきましたが、そうはいってもきっかけがほしいものです。何でもいいからただ変える、ということがなかなかできません。

きっかけをどうやって作るかといえば、新しいやり方に抵抗があまりない仲間、友人がいて、**いつも彼らから刺激を受けることです。そうすれば、だんだん変わっていきます。**

新しいやり方にあまりリスクがないとわかりますし、何しろ実際にやっている人が目の前にいてやり方も教えてくれるわけですから、変化への抵抗感がぐんと減ります。

また、彼らは何の躊躇もなくさっと取り入れていくので、こちらも何となくそういうものかと思って同じようにできることもあるでしょう。

例えば、ガラケー一色だったときにスマートフォンが新たに登場したとき、新しい会議ツールが出たとき、職場で皆でポジティブフィードバックをしようと決めたとき、一緒に何かのコミュニティを始めたとき、素早く変わっていくことのできる仲間がいれば、それにつられて行動を変えることがやりやすくなります。

仲間、友人以外のきっかけにはどういったものがあるでしょうか。

多分一つには、職場や友人グループで「こう変えると宣言する」ことです。皆、目を見張ります。もしできるならもちろんいいですが、難易度がえらく高そうですね。

もう一つは、すごくほしかったものの高すぎて買えなかった趣味の模型、フィギュア、楽器、豪華な海外旅行などへの出費を、新しいことへのチャレンジのご褒美とするといったことも考えられます。もちろん、これも自作自演なので、難易度は高くなります。

ということから、仲間、友人から刺激を受けることが多分一番現実的ですし、効果的だと思います。

変化するのが得意な人、好きな人

世の中には、どんどん変わること、やり方を変えていくことが得意だったり、好きだったりする人がいます。彼らにはおよそ躊躇がありません。

別に適当に生きているとか、やり方がでたらめというわけではなく、むしろしっかりしています。ただ、もっとよいやり方があるとわかった瞬間に執着なく変えていける人たちです。自分の価値観がはっきりしていてぶれないので変化がこわくないようです。

その上、常に創意工夫をしようとしているので「もしかするともっとよくなるかも知れない」と思えば、少しくらいのリスクがあっても気にならない、という特長を持っています。

会社の中で求められる身のこなし、コミュニケーションのしかた、価値感なども素早く身につけ、何年も前からそこにいたかのように自然に振る舞いつつ、変化にも対応することができる、有能で、ある意味、得な性分の人たちです。

いつのまに!?
変身

得意な人から刺激を受ける

そういった変化が得意な人から目の前で刺激を受けると、これまでのように余計なことを考えずに、引きずられて一緒に変わっていくことができます。

それが何回か続くと、変化に対して必死に戦っていた自分、自分のやり方に固執していた自分は何をやっていたのだろう、何を守ろうとしていたのだろうと思えてきます。そういう人に比べて何が違うのだろうという気もしてきます。

実は何も守ろうとしていたわけではないのです。あえて言えば、「自分のやり方を人に左右されないぞ」という凝り固まったプライド、自尊心、あるいは、防御本能と言えばいいでしょうか。

でも、その「自分のやり方」がこれまでご説明したように大した理由もなく、たまたまのものだとしたら、何のためにエネルギーを使っているのかよくわかりません。

なので、学べる人からは素直に学んでみる、刺激を受ける人からは遠慮なく受けてみるというのがよさそうです。自分の信条を変える必要はありません。「刺激になるなら刺激してもらおう、今回だけは」という程度です。

刺激し合える仲間を募る

「自分には力がない」「成功したことがない」もっと言うと「褒められたことがない」という人も多いとは思いますが、それをいつまでも、何年も引きずっていてもしょうがないし、それで物事が改善するわけではもちろんありません。

そうはいっても引きずる人はどうしたらいいのでしょうか。変化が得意な人から刺激を受けるということができない人はどうしたらいいのでしょうか。

私のお勧めは、似たような気分、経験の仲間を5、6人募り、お互いの気持ちを全部言い合うことです。それによって「何だ、自分だけじゃないんだ」「最悪の人生だと思ってたけど、結構悪くなかったのかも」「みんな似たりよったりだなあ。いったい何だったのだろう」というふうに消化されていきます。

どうやって仲間を募るかですが、大きくは二つ方法があります。

一つは、職場の同期、やや先輩、やや後輩から選びます。彼らの中には、人として信用でき、お互いにある程度以上相手について知っていて、しかも似たような悩みを持っている人たちがいるので、声をかけます。

月1回程度、「過去を置き去りにし、前を向いて明るく歩き出す会」を開くのはどうでしょうか。そこでは、まさに文字通りお互いの悩み、過去の経験を話しながら、前向きの一歩を踏み出していきます。

注意すべき点は、ネガティブな人、暗い人、自己肯定感が低く常に私なんかと言い続ける誰よりも特別にかまってほしい「かまってちゃん」、前を向いて歩く気が全くない「うらみつらみだらけの人」などは避ける、ということです。

こちらの弱さをカバーし、前向きに刺激してくれる仲間がほしいわけですので、あえて後ろ向きにさせる人は全力で避けましょう。仲間はずれにしていると申し訳なく思う必要は全くありません。いい子ぶらないのがポイントです。

毎月の会での注意点が一つあります。時間は最大でも2時間とし、あえてお酒など飲まずに集まることです。その意味では、土日の午前中あるいは午後などのほうがよいかも知れません。お酒を飲むと、どうしても感情的になったり、言い争いになったり、セクハラなども起きるリスクが高まるからです。

そして、時間の半分は自分たちの体験を話すものの、必ず残りの半分は、じゃあどうしたらいいのかを一人ひとり、あるいは皆で考えるということです。

「愚痴大会」にしないという意味でもあります。皆でＡ４メモを書いたり、アイデアメモを書いたりして、どうすべきかを考えると、前向きの考えが出やすくなります。

アイデアメモというのは、Ａ４用紙一ページを横置きにして4分割し、それぞれにＡ４メモ相当の内容を起承転結式に書いていくものです。

3分で書き、その後、二人ずつ組になって2分で説明し合うというやり方をします。

関連している3つのテーマに関してアイデアメモを用意し実施すると、わずか15分で考え方が大きく整理されたり、自分を客観視できるようになります。

●アイデアメモの例

自信を持って取り組めなかった経験は（　　　　　　　）

1．自信を持って取り組めなかった経験をくわしくいうと、どういうものだったか？

–
–
–
–
–

2．自信を持てなかった理由は何だったのか？

–
–
–
–
–

3．自信を持って取り組めなかった結果、何が起きたか？

–
–
–
–
–

4．他にはどういう不具合が生じたか？

–
–
–
–
–

自信を持って取り組めた経験は（　　　　　　　）

1．自信を持って取り組めた経験をくわしくいうと、どういうものだったか？

–
–
–
–
–

2．自信を持てた理由は何だったのか？

–
–
–
–
–

3．自信を持って取り組めた結果、何が起きたか？

–
–
–
–
–

4．全体としては何か好循環が生じたか？

–
–
–
–
–

今後、自信を持って取り組み続けるには？

1．自分はどういうとき、どういう状況なら少し自信を持って取り組めるのか？

–
–
–
–
–

2．どういう事前準備をしておくと、自信を持って取り組むことができるのか？

–
–
–
–
–

3．自分としてさらに自信を深めるには？

–
–
–
–
–

4．好循環をどんどん生み出し、自信を持って取り組み続けるにはどうすべきか？

–
–
–
–

※『成長思考』（日本経済新聞出版社刊）より

もう一つの方法は、「Facebookグループなどを立ち上げて、その中で仲間を募るやり方です。「Facebookは、もともと友だちの間のコミュニケーションツールですが、日本に導入された時期の関係で、それにとどまらず、仕事上も使われていますし、同じ興味・関心を持つ人たちの間での一番使いやすいコミュニティ作りに使われています。

こういったツールをうまく使ってネット上での仲間作りをすると、「変化したい。でもどうしても変化するのがこわい」「自分の癖をなおして、もっと成長したい。でもどうしても躊躇する」という人が何人か集まってオフ会をすることがかなり簡単にできます。

「Facebookは基本的に実名制ですし、何度もメッセージのやり取りをしている状況ですので、何か危ないことが起きるなどの心配はあまりありません。「Facebookグループで普段やり取りをして、定期的に勉強会や講演会を開催するなどは一般化しています。

もしまだFacebookに入っておられない方は、電話と同じようなツールだと考えてぜひ試してみてください。「電話をかけると魂を抜かれる」というような心配はもう誰もしていないのと同様、「Facebookに入ってやり取りをしても「プライバシーが侵害される」「ストーカーされる」という心配はほとんどありません。

また、一部の人（特に20代）にとって、「Facebookなどもう古い、ださいという感覚があるかも知れません。そういう方はLINEやインスタグラムに移ったり、最初からそちらしか使ってなかったりすると思いますが、ビジネスや今回のようなニーズには十分に使えるまともなツールです。ぜひ用途に合わせて使いこなしていただければと思います。

自分だけで解決しなくていい

何より大事なのは、自分だけで解決しなくてもいい、ということです。真面目すぎる人ほど、自分のことだからと言って自分だけで解決しようとしますが、結果として遅くなったり質が下がったり、敗戦処理を頼ったりするので、賢くはありません。

頼れる場合は遠慮なく頼ればいいのです。

もちろん、どこからどう考えてもこちらがやるべきことはやるしかありませんが、それを超えた部分は頼ってしまいましょう。こちらが困って頼っているのか、サボって頼っているのか、相手はすべてお見通しなので、余計な心配をしなくても大丈夫です。

こちらが真面目に取り組んでいて、努力していて、それでも困って頼られるのは、内心嬉しく思う人のほうが多いと思います。人は持ちつ持たれつですので、気にせずにいきましょう。

それに、気にする人は、頼りすぎて相手に嫌がられるということにはなりません。心配なく頼っても、まだ遠慮しすぎの可能性があるほどです。

第８章の

理解・実行チェックリスト

- □ 仲間がいると、刺激を受けて変わりやすい。
- □ 変化が得意な人、好きな人がいるので、その人たちから刺激を受ける。
- □ 刺激してくれる仲間を職場の同期、やや先輩、やや後輩から募って悩みを共有する。
- □ ただし、ネガティブな人、暗い人、自己肯定感が低すぎる人は避ける。
- □ Facebookグループなどを立ち上げて仲間を募る。

第9章
くじけない

三日坊主を恐れない

「三日坊主」という言葉は、飽きっぽくて長続きしないという意味ですね。もちろんあまりよい意味ではありません。ただ、三日坊主を恐れるあまり新しいことにチャレンジしないというのでは本末転倒です。

三日坊主でも何でもいいので、あまりいろいろ考えずにさっさとやってみればよいと思います。三日坊主で終わるかと思っていたら、意外に長続きすることもあるでしょう。

例えば、朝30分早起きして英語の勉強をしようと考え、気負わず始めたらそれがよかったのか結構続いているというようなものです。考えすぎて、準備しすぎて、気が重くなりながら始めるのよりは、何がうまくいくかわからないから、まあやってみようという感じです。

調子がよかったのに、いつの間にか止まってしまったというものもあるでしょう。それも気にせず、また始めたらいかがでしょうか。

三日坊主を恐れて過度に慎重になるよりは、何でもいいからやってみるほうがいいです。そのほうが手っ取り早いですし、ＰＤＣＡがより多く回ります。やってみなければわからないことだらけですから、気にしないのが勝ちです。

準備しないでいい

準備せずにやってみる、ということも大切です。普通は、しっかり準備して始めるものだといわれますが、それが負担になって着手できないのでは本末転倒ではないかという考え方です。

どう進んでいくのか可能な範囲では想定するものの、本当のところは何がどう進むかわからないのですから、**大げさな準備をせず軽く始めてみるほうがよいこともよくあります。**そうしないと「危ない橋を渡る」どころか「かなり強そうな石橋も叩いて壊す」に近い状況になってしまいます。

もちろん、どんなことでも、ではなく、準備なしでも自分が決めたらすぐに実行できるようなものに関してです。会議の運営のしかた、チーム内コミュニケーションのしかた、資料作成のしかたなどであれば、ほとんど準備はいりません。ただ、自分が決めさえすれば始められることです。

そういうやり方で何かを変えていくと、だんだん過剰な準備をせずに物事を進める度胸もスキルも身についてきます。

途中でやめてもいい

「やめてもいいのでやってみる」「まあ、やってみようよ」という緩いスタンスも、敷居を下げて背中を押してくれます。
例えば、会議時間の削減です。会議時間の削減はどの会社でも大きなテーマですが、何だかんだ言っても増えこそすれ、なかなか減らすことはできません。

会議を短くすることで、議論が尽くせないのではないか、持ち越しが増えて意思決定がさらに遅くなるのではないか、会社としての意見統一がうまくできなくなるのではないか、などできない理由はいくらでも言えます。

一方で、会議の数も個々の時間も多くの会社で増え、参加者が増え、総コストが上がります。経営者を含めて、参加者のほとんどは、悩みながらもどうしたらいいのかよくわからない状況だろうと思います。
これなどは、「やめてもいいのでやってみる」の典型で、あまりむずかしく考えず、よさそうなことなら始めてみて、結果をフォローする、というほうがうまくいきます。やめてもいいので、まずやってみるという姿勢ですね。

同様に、個人の場合も、例えば英語をもっとうまくなりたいと考えて、ネットで見つけたターミナル駅での早朝英語勉強会（参加費用はコーヒー代のみ）に参加しようかどうか迷うことがあるかも知れません。自分はすごく下手だから笑われるのではないかと心配したり、レベルの低い人ばかりだったら練習にならないのではないかと心配したり、ちゃんと起きれるのか続けられるのか心配したり、心配の種は尽きません。

ただ、本気で勉強したいという気持ちがあるならば、別にやめてもいいのでやってみる、まずは一回行ってみる、という適当な姿勢で臨むのがよいと考えています。

実際、ちょっと無理して参加してみても、そこで手応えを感じると、やっぱりやめたい、来るんじゃなかった、という気持ちがなくなり、自然に続くようになっていきます。

「やめてもいいのでやってみる」という緩いスタンスが新しい行動への壁を下げ、結果として変化を起こさせてくれた、ということになります。

何度も修正していい

一点、大事なことは何度も何度も修正し、やり方を変えてみるということです。**うまくいくまで、しっくりくるまで、修正し続けるといってもいいでしょう。**

そういうふうに行動する習慣づけがとても大切です。修正し続ける、PDCA（次章）を回し続ける、成功するまで諦めずにあれこれやり続ける、という感覚ですね。

ほとんどの人は何かを始めたり、変えたりするのが苦手です。ただ、むずかしいというよりは、単におっくうなだけ、ということがほとんどだと思います。

ですので、変化するためのいろいろな方法をご紹介したり、変化するということに対する新しい視点を知っていただいたり、くじけずにやってみるための方法をご紹介したりしてきました。

そうやって動き始めて、いったん始めたら、最初の難関を突破できます。

その後は、何度も何度も修正することで、何か課題があっても徐々にスムーズになります。しっくりくるまで続けていけば、確実に変化していきます。

英会話
ゴルフ
資格
料理
ヨガ
陶芸
ACTION
CHECK
DO
PLAN

第9章の

理解・実行 チェックリスト

- □ 三日坊主を恐れずさっさとやってみるほうがよい。
- □ 準備せずにやってみることができる場合は、それもいい刺激になる。
- □ やめてもいいので、軽い気持ちでやってみる。
- □ 何度も何度も修正し、やり方を変えてみる。
- □ 何かを始めたり、変えたりするのが苦手なのは、多くの場合、おっくうなだけ。

第10章
変化を加速させる

ＰＤＣＡを何度も回す

いったん起きた変化をうまく立ち上げていくためには、ＰＤＣＡを何度も回していく必要があります。ＰＤＣＡというのは、Plan（計画する）、Do（実行する）、Check（確認する）、Action（修正する）、という4つのステップで、改善するための1サイクルになります。

それを**何度も何度も回すことで、一度起きた変化をさらに加速していくことができます。**

例えば、会議のファシリテーション力を上げるために、商品企画リーダーへの着任をきっかけに、担当する新事業の商品企画会議を今までの自分と違うやり方で進めてみることにします。

第1回商品企画会議

Plan：会議活性化のため、会議の議題を事前に決めて周知徹底すること、資料は遅くても前日朝までに送ること、また、いつも発言しない人を指名して意見を引き出すこと、などの方針を決めます。

Do：議題の決定と通知、資料の送付、発言指名など、新方針を徹底し、会議の活性化を進めます。新しいやり方なのでちょっと戸惑うこともありますが、まずは1回やってみます。

Check：新しい方針が効果的だったか、参加者の事前準備状況、理解度、発言回数、発言分布などをチェックして確認します。発言数は増えたものの、発言することがかたよっている点は改善できなかったことがわかりました。参加意識を高める必要も強いと判断しました。

Action：発言してくれなかった人、少なかった人には会議後に別途お会いして、うまく参加できないボトルネックを把握しながら解消していきます。また、説明不足などで反感を持っていたり、自分に対して何らかの不満を持っていたりすることもあるので、個別に会ってわだかまりを軽減しておきます。

第2回商品化検討会議

Plan：事前に送る資料には、重要な論点、確認すべきことを4、5点わかりやすく整理して、表書きとして添付することにします。どうしても発言しそうにない人2，3名への事前説明の時間を前日までに取ることを決めました。

Do：論点を整理しまとめた資料を何とか前日夕方までに送付することができました。また、事前説明も2名の時間を何とか押さえることができ、何が問題で発言できなかったのかを把握できました。会議の場では、わだかまりを軽減できた相手を意図的に指名して、最初から巻きこんでいくことができました。

Check：新しい方針が効果的だったか、参加者の事前準備状況、理解度、発言回数、発言分布などをチェックして確認します。また、誰が何回発言したかをチェックするだけではなく、誰が誰に対して発言しているのか、お互いの関係がどうか、をきちんと把握することで、会議の活性化度、チームワーク度を確認します。

Action：事前準備、巻きこみなどはかなり改善できたことが確認できましたが、会議を本当の意味で活性化させるため、会議後のフォロー、進捗確認をより確実に実行することにしました。

第3回商品企画会議

Plan：第2回商品企画会議では、ユーザーニーズの深掘りや流通チャネルの実態把握へのニーズが喚起されていたので、その具体的な実施方法、日程を検討し、第3回商品企画会議で提案できるように計画します。

Do：事前の巻きこみ、コミュニケーションをほぼ十分なレベルまで実施することができました。

Check：参加者の事前準備状況、理解度、発言回数、発言分布を今回も確認し、全体としての活性化度、部門ごと、役職ごと、テーマごとを測ります。

Action：活性化されていないグループを対象に、グループヒアリングを実施して次回以降の改善策を立案します。

こんな感じになります。

何度もＰＤＣＡを回し、そのたびにすぐ改善していくことで、よりうまく動かし、結果を出し、変化を加速していくことができます。

日々、変化を加速させる

仕事をしていく上で一番大切な点は、実は仕事のスピードです。仕事の質を高めるのは簡単にはできませんし時間がかかりますが、**スピードは工夫すればするほど急激に上がっていくからです。しかも、質を高めるよりははるかに容易です。**

仕事のスピードを上げることは実はそれほどむずかしいことではありません。ただ、仕事のスピードを上げることができるということを多くの方がご存じなかったり、「いいからもっと真面目にやれ」という上司の指導や「丁寧にやらないと仕事ではない」「拙速は決してよくない」という思いこみの結果、仕事のスピードを上げる努力がほとんどの人、ほとんどの企業で行われていません。

本を一冊読むのに3時間くらいはかかり、それを2時間や1時間で読むことなど到底できない、という思いこみをしている人が結構いますが、それに近い問題です。

では、どうすればいいのか、一つひとつご説明したいと思います。仕事のスピードを上げるために効果的な「基本的な習慣、癖」を身につけることです。

●仕事のスピードを上げるための習慣と癖

❶すぐに着手する
❷最速のやり方を工夫する
❸即断即決、即実行する
❹再利用する
❺何かをやめる
❻人をうまく活用する

方法論というよりは、まさに習慣・癖なので、心がけと工夫次第で、誰でもかなりできるようになります。慣れればどうということなく思ったより簡単で、友人、同僚と競ったりすると、いっそう簡単にできるようになります。

❶ すぐに着手する

仕事が遅い理由の多くは「すぐに始めない」という単純なことです。もちろん、他の仕事で手一杯で着手できない、という場合もありますが、「本当は始められるのに始めない」ということがかなり多いと思います。

私自身、仕事はかなり速いほうですが、それでもできるのにすぐに着手しない仕事が結構あって、全体として遅れる理由になっています。何とかしてすぐに始められる仕事はすぐに始める、という習慣を確実にしていけたらと考えています。

振り返ってみると、納期がはっきりしているほど、すぐに着手できています。あるいは誰かが待っているという状況のとき、すぐに着手できていると思います。

新しい仕事が増えたら、順番を考えすぎたり、妙に優先順位をつけようとせず、まずスタートするということですね。

❷ 最速のやり方を工夫する

セミナーなども含めて多くの人に接する機会がありますが、「仕事が大変」「仕事が多くて忙しい」という声はよく聞くものの、「こうやったら前よりずっと速く終わらせることができた」「仕事の進め方を大きく見直したら、できないと思っていたこともできるようになった」といった声はまず聞きません。

もっと言えば、仕事のしかたを工夫して「もっと速くできないか」を追求し続け、実際に加速し続けている人にはあまり会ったことがありません。密かに工夫している人はいると思いますが、本人が明確に意識して全力で取り組んでいたり、目に見える変化があったりするわけではなさそうに思います。

日本の一流企業の管理職など数千人の方との接点がこれまでありましたが、ほとんどの方は日々の仕事に追われているのみでした。

仕事のスピードアップどころか、むしろ、「残業して、徹夜して何とか終わらせた」がある種の自慢にもなっているようです。これは体力や忍耐力自慢なのでしょうか。

「最速のやり方を工夫する」のは実は、かなり容易で、しかも楽しいことです。前にできなかったことができるようになったり、時間に余裕が生まれるのでもう一度チェックして完成度を上げたりできるようになるからです。

ⓐ **単語登録**：単語登録を200～300することで、書く速さが上がるだけではなく、頭の回転も上がっていきます。頭に浮かぶ文章が従来よりもずっと速く表現できるので、どんどん調子が出てくるからです。

なお、単語登録は、単語だけではなく、「ども＝どうもありがとうございました。」「あけ＝明けましておめでとうございます。今年もよろしくお願いします。」など、短文も自由に登録できます。「FutureX経営改革推進支援チーム」など長いチーム名も「ふ」の一字で済みます。

グーグル日本語入力による自動表示よりストレスが少なく、スピードアップできます。自分が必要を感じた単語・短文を自分の指定した方法で登録できるからです。

単語登録をうまく活用する鍵は、どういう略号で登録するかに尽きます。一番よく使うものはひらがな、アルファベットの「一文字」で、それ以外は、「最初の2文字」で、それで重複する場合は「最初の一文字＋第3文字で」ですね。

単語登録は圧倒的な威力を発揮しますが、なぜか真剣に取り入れる人が非常に少ないので、心の余裕を持つためにもお勧めします。心の余裕ができると変化が容易になります。

ⓑ メールは即返信：メールの対応に困っている方が非常に多いと思います。何百通の受信メールへの対応と返信で一日のかなりの時間を取られている方、強いストレスを感じておられる方も多いのではないでしょうか。そういう状況では、よいとわかっていても、変化しよう、柔軟に対応しようということができにくくなっていきます。

それに対して私のお勧めは、「メールをいっさい溜めない」ということに尽きます。朝会社に行ったらメールチェック、会議から戻ったらメールチェック、会社を出る前にメールチェック、ということで、毎日10回以上チェックしていればメールは溜まりません。

それだけでも、攻めの気持ちを維持できますし、何が起きても柔軟に対応しようという気持ちを維持しやすくなります。

フォルダ分けに関しては、私はしていませんし、お勧めもしていません。フォルダ分けすると、それらを一々チェックしなければならず時間の無駄ですし、見落としや放置も起きます。それよりは、受信トレイは一つのままで、ともかくそこに溜めないようにする、という形のほうがよほど気も楽で確実ですし、手間も少ないと思います。

ⓒ

ショートカットキーの多用：ショートカットキーは仕事のスピードアップ上、不可欠です。仕事の種類にもよりますが、20〜30は覚えて駆使できるようにするのとしないのとでは、スピード感が全く違います。Windowsの場合、特にお勧めは、左のようなショートカットキーです。

1. **Shift+Alt+↑あるいは↓**：パワーポイント、ワードファイルの一文を自由に上下に移動できますので、編集スピードが大きく上がります。

2. **F2**:ファイル名変更。ファイル名の変更がワンタッチでできます。

3. **Ctrl+W**：ブラウザを閉じる。

4. **Ctrl+Z**：一動作戻る。20動作近く戻れますので、何かを間違って消してしまったとき、間違って入力してしまったときなどに助かります。

5. **Ctrl+Y**：Ctrl+Zで戻したときに、戻しすぎることがあります。そのとき、このCtrl+Yにより、Ctrl+Zで戻した動作をキャンセルしてその前の状況に後戻りすることができます。

詳細は割愛しますが、これ以外にもCtrl+C、V、X（コピーする、貼り付ける、元の文章を削除しコピーする）の3セットや、Ctrl+P（印刷する）、Ctrl+F（検索する）、Ctrl+L（PDFをフル画面表示する）などは必須です。

ⓓ **工夫し続ける。工夫のしかたを工夫する**：スピードアップのポイントは、日々何かの工夫をして速くしていくことです。新たに5個の単語登録をするとか、フォルダの整理のしかたを変えてどのフォルダにも2クリック以内で行けるようにするとか、ブログの文章の書き方を小見出しから始めるとか、やれることは山のようにあります。そうすれば日に日にスピードアップを感じて加速しますし、心に余裕が生まれます。仕事が楽しくもなります。

工夫のしかたには限りがありません。新たな工夫を見つけること自体、スピードアップにつながりますし、好循環につながります。その意味で、私は「工夫のしかたを工夫する」、すなわち、自分がどうすればもっと工夫できるのか、どういう状況や考え方になればもっと新たな工夫ができるのかまで考えると、さらに前に進みやすくなるのではと考えています。

サク
サク
サク
サク
サク
サク
SPEED
UP

③ 即断即決、即実行する

即断即決、即実行なんか自分には関係がない、と思っておられないでしょうか。ものにもよりますが、意識していればそこまでむずかしいことではありません。例えば、同僚とお昼にレストランに入ったとき、大半の人は割とすぐ決めることができますし、面白そうな映画の予告編を見たとき、「あ、これ行きたい」とすぐに思うのではないでしょうか。

ところが仕事になると、急に即断即決、即実行を避けるようになります。「急いでやったら、以前の上司には仕事が雑だと言われた」「速いけどミスが多いなと言われた。もう拙速と言われたくない」「仕事なので、ミスがこわい」などですね。でも、本当にそうでしょうか。

普段からA4メモ書きなどをして頭を整理し、もやもやをなくすようにしていれば、頭の回転が速くなり、自然に即断即決、即実行できるようになっていきます。普段の生活と同じように、仕事上の判断もむやみに迷ったり躊躇したりしなくなります。これによるスピードアップ効果は驚くほどです。

❹ 再利用する

オフィスでの仕事のかなりの部分が資料・書類作成です。営業のようにお客様に会うことが仕事の場合でも、営業報告や予実管理などの資料作成の時間に相当取られています。

月次報告書で数字だけ入れ替えるのであれば大した時間がかかりませんが、多くの書類は数字だけの入れ替えではないので、おっくうに感じますし、手間ひまかかります。

ただ、毎回全く違う資料ということはあまりなく、ある顧客向けの提案資料を参考に、別の顧客向けにかなり変えた形に仕上げる、といったことではないでしょうか。私はまた使う可能性がある場合は、資料完成後に企業名、固有名などを●●●に変更したテンプレートを作成します。

直後であれば資料の全体像をよく把握できていますので、そういったテンプレートをごく短時間に作成することができます。次回、同様の資料を作成するにもかかわらず、ゼロベースで始める人も意外に多いようですが、それはあまりにももったいないと思います。

もう少しましだと、前回の資料を基に修正すればいいのではと考え、前回の資料を探し出してきて、修正して使うことが多いと思いますが、せっかくのってやろうとしたものが元資料の修正・変更という後ろ向きの作業で削がれてしまいます。ちょっとしたことのようですが、やってみると大きな違いを生みます。

テンプレートを作っておくと、こういうロスがなくなり、調子よく仕事が進みます。またテンプレートを作っているということが驚くほど自信になりますし、感心もされますので、いいことだらけです。テンプレートとしての完成度を上げようという気にもなるのでさらにスピードアップできるようになります。

5 何かをやめる

何かをやめる、というのがスピードアップ上欠かせません。明らかに不要なものはとっくにやめているでしょうから、少し割りきる必要があります。私も、なかなかやめられないものがいくつもあります。

読んだほうが明らかによくても、読めずに半年以上持ち歩いている厚めの英語の記事、ホワイトペーパー、素晴らしいお話を聞いたのできちんとまとめようとしてまとめられていないインタビューノート、プロジェクトの成果・ノウハウをパワーポイント20ページほどにまとめようと思ってまとめられていない作業などです。

自分自身の経験では、結局は対応できず、だんだんニーズもずれてくるので、やめるしかないのですが、やめるまで確実に精神的負担になり、集中力を削ぐので、スピードアップのブレーキになります。

では、どうすべきかといえば、やろうと思って3日あるいは1週間程度たってもできないことは後ろを振り返らずに捨ててしまう、ということだと思います。捨ててしまわないと、ほとんど溜まる一方だからです。今日できなかったから明日やろうと思うようなものは、今日やらなくても済んだわけで、優先順位が低いと割りきるしかありません。

数ヶ月に一度、思いあまってばさっと捨ててしまえるときが来るとすっきりしますね。取りこぼしたものは結局は捨てるしかないのですから、もっと早い段階でどんどん捨ててしまったほうがよさそうです。何かあればまた拾えばいい、くらいの楽な考え方をしたほうが大事なことに集中できてよい結果を生みます。

6 人をうまく活用する

人をうまく活用するのは、仕事のスピードアップ上欠かせません。最も重要だと言っても言いすぎではないでしょう。人の活用といっても相手との関係でいくつかに分かれます。

まず、部下やチームメンバーがいる場合です。部下に的確な指示ときめ細かなコーチングをすることで、成果も自分の時間も大きく改善できます。部下の活かし方やコーチングについてきちんと指導し徹底している日本企業はほとんどありませんので、少し真面目にやれば短期間に成果が出ます。

「このくらいできるだろう」「自分で考えろよ」「全部言わせるな」「俺が何を求めているかわかってるだろうな」というこちら側の姿勢が諸悪の根源で、上司がどうあるべきか、どういうコミュニケーションをすべきかについて大きな誤解と悪習・悪癖があります。

そういう自分勝手な考え方を少し変えるだけで、部下の身のこなしもチームの雰囲気も大きく改善できます。詳しくは『世界基準の上司』(KADOKAWA刊)、『マンガでわかる! マッキンゼー式リーダー論』(宝島社刊)をご覧ください。

次は、外部のプロジェクトメンバー、コンサルタント、サービス提供企業、パートナー企業などです。目的を明確にし、週次で進捗確認をして、そこで出てきた課題をどう解決するとよいかを話すようにすれば、スムーズに動きます。上から目線で威張るのをやめ、チーム内のコミュニケーション・情報共有を図ればあっという間にかなりの改善ができます。

特に効果的なものは、ポジティブフィードバックとアクティブリスニングです。それを徹底するだけで、チームをリードするためのリーダーシップが一気に強化されます。付録で詳しく述べますのでご覧ください。

仕事のスピードを上げるために効果的なこういった1〜6の「基本的な習慣、癖」を少しずつ身につけるたびに、ブレーキをかけていた従来の自分の考え方、限界に気づきますし、大きく成長した自分を体感するので、スピードアップが本当に楽しくなります。

好循環を自分で仕込み、生み出す

「好循環」とは、自分が実現したいことが、複数の追い風を受け、より簡単、より確実に実行できるようになることです。「好循環を仕込み、生み出す」とは、自分が打ったいくつかの布石によって好循環を起こし、追い風を吹かせ、ねらいを実現することです。

ただの因果関係ではなく、「いくつかの布石を打っておく」「先手を打つ」「意識的に追い風を作り出す」ということで、その結果によって、さらにもっとよい循環を起こすことです。

例えば、

- 普段から信頼できる人のネットワークを意識して作っておいたので、困ったときすぐ相談でき、好転した。そのプロセスでさらに強力な人脈を得た
- 本命プロジェクトの前段階として進めた予備プロジェクトの経験で、本命プロジェクトが順調に進んだ。信頼できる人も確保でき、その人のおかげで、さらに次のステップへの布石ができた
- 困っている友人を助けてあげたら、後になって恩返しをされた。その結果、プロジェクトがうまく進み、その人にさらにチャンスを提供でき、もっとうまく回った
- ブログを書いていたら、それを見たメディアから取材され、講演を依頼され、本の執筆を依頼された。その結果、よい仕事が来て、さらに発信する機会を得た

などが考えられます。

「好循環」への普通の考え方、態度は、「自分が作り出すものではない」「好循環が起きるときには、自然に起きる」ということだと思います。私ももともとそうでしたが、あるとき、「好循環はある程度意識して生み出すことができるのでは」と考え始め、なるべくその視点で取り組むようにしました。

まだ完全にノウハウ化できたわけではありませんが、好循環を生み出せたときの効果が大きいので、いろいろトライする価値があります。

好循環を生み出すには、以下のようなステップが考えられます。

❶ 何を実現したいのか、ターゲットを決める

❷ ターゲットの実現を容易にするため、理想的には何が起きると嬉しいか考える

❸ その理想的な状況を起こすためには、何が起きるといいのか考える
❹ それを実現するため、自分に何ができるのか検討する
❺ 直接的メリット、結果を追求するのではなく、2ステップほど離れたところ、2ステップほど手前から考える
❻ 好循環の種まきを次々に実行する
❼ 好循環への追い風の環境を作る

好循環が生まれれば、やる気も自然に出て、すべてがうまく回るようになります。心の余裕が生まれ、「変化できる人」になっていきます。

第10章の

理解・実行チェックリスト

- □ PDCAは何度も何度も回していく。変化を加速する上で重要。
- □ 仕事を日々加速することが大切。仕事のスピードを上げるために「基本的な習慣、癖」を身につける。
- □ 好循環を仕込んで、次々に生み出すことでねらいを実現する。
- □ 好循環が生まれれば、やる気も自然に出て、すべてがうまく回るようになる。
- □ 心の余裕が「変化できる人」を生み出す。

おわりに
「変化できる人」は、何をやっても楽しい

“たまたま”してみることで明暗を分ける

これまで見てきたように、変化するかしないか、変化できるかできないかは「たまたまの差」「ほんの少しの考え方の違い」だと考えています。「自分は変われない」「いろいろ努力してきたけれどうまく変われなかった」と思いがちで、そういう発言・反論もされてきたと思いますが、変われない大きな理由などあまりないのではないでしょうか。

「自分には無理。できなかった」と言いたくなる気持ちはよくわかります。そのほうが努力が足りなかったとか、才能がなかったとか、運がなかったなど思わなくて済むからです。

ただ、自分自身の経験からも、また多くの方へのコーチングなどの経験からも、変化するかしないかはもっと単純です。変わるのが単に面倒くさいとか、柄にもないとか、変わると恥をかきそうだとか、「変わらないと決めているから変わらない」としか思えませんでした。それ以上の大した理由があるわけではありません。

この本に詳しく書いたように、自分の考えや行動、価値観はちょっとした癖や習慣の集まりであり、必然性もなければ、妥当性もそこまで高くない、つまりよりよいものがあればさっさと変えればいいだけだ、ということをよく噛みしめてください。

変化の決め手は柔軟さ

そうはいっても、変化する、しないの柔軟さは現実問題として、人によりずいぶん違います。私のその点についての考え方は次のようなものです。

「変化する柔軟さ」が低い人は自分の癖や習慣により強くこだわっているわけですが、自分に自信がないと、「百歩譲ってやってみようか」「そうまで言うなら、ちょっとやってみよう」「だめならまた戻せばいい」と思いづらいのではないかと思います。

ただこれも程度問題で、自分がなぜそう感じるのか、そこまで抵抗感を感じるのかをA4メモなどに書いてよく認識すると、ずいぶん変わると思います。

人によって納得する方法が違うでしょうが、

❶ そこまで言われるのなら、一応やってみる

尊敬できる人から、「こうしたらいいよ」「すごくお勧めだよ」「やらないと損だよ」「私が言うのだから信じてね」などと言われたら、まあいいかと思ってやってみる。

❷ 納得はしていないが、他にいい方法もないので、やってみる

●やってみる理由はなんでもいい！

納得はしていない。おかしいし、自分がどうしてやらなければならないかすっきりはしていない。ただ、他にもっといい方法がないことはわかっている。まあしょうがないから、やってみようか。

❸ **だめだったら戻せばいいからやってみる**

うまくいかないかも知れない。やればいいのかも知れないけれど結果が心配になる。ただ、だめだったらすぐ戻せばいいのだから、やってみるしかないか。

❹ **以前言われたときはしゃくに障ったが、何かそうでもないので、やってみる**

前も言われてそのときはとてもやる気にならなかった。そんなことを言われる筋合いがないからだ。でも、よく考えてみたらやりたくないというよりはしゃくに障ってやらなかったわけだし、それほど気にもならなくなったからやってみよう。

❺ **不安だったが、そうでもなさそうなので、やってみる**

前はとても無理だと思った。自分の柄でもないし。でも他の人もやり始めたし、特に問題もなさそうなのでまあやってみるかな。

など、いろいろあるでしょう。できない理由はいくらでも考えられますが、自分がしっくりし、納得しやすい方法もいろいろ工夫ができることだと思います。

誰かに押しつけられることではありません。ただ、「もしかするといいのかも」「やってみてもまあいいのかも」と自分の気持ちを整理していくことも、意味があるのではと考えています。

好奇心が鍵

何にでも興味を持つことがとても大切ですし、変化できるようになる出発点です。

そのためには、好奇心がとても大切です。子どもは好奇心のかたまりですが、年を重ねるにつれて自分で線を引いていきがちです。

「いい年をしてこんなことに興味があったらおかしい」とか「そんな役にも立たないもののどこが面白いんだ。気にはなるけど」とかですね。

好奇心を阻害する要因がいくつかあります。

まずは、忙しすぎると、好奇心を失いがちです。心の余裕がなくなり、他のことに関心を持てなくなっていくからです。好奇心は前と同じように強くても、忙しいというだけで、今片づけなければならない仕事以外のことが目に入りにくくなります。

私は、「マインドシェア」という言葉を比較的よく使います。本当は日本語で表現したいのですが、ぴったりくる言葉が見つからないのでカタカナにしています。

目の前の仕事に忙殺されて、好奇心から行動する、好奇心からいろいろ調べる、好奇心から何かをしたいという部分のマインドシェアをあまり持てなくなっている状況ですね。

好奇心がなくなったのではない、好奇心を持って行動できる時間が減ってしまった、時間を整理してまた前のように増やさなければ、というような感じ方です。

その次の理由としては、もともと、いろいろな好奇心を持っていたにもかかわらず「それはおまえの仕事ではない」「おまえが心配することではない」「先週依頼したあの書類はできたのか」「目の前の仕事に集中しろ」「俺なんかもっと真面目にやったぞ」と上司に言われ続け、好奇心に水を浴びせかけられ、好奇心を持てなくなってしまうからです。同じことは親との間でも起きがちです。

そういう状況で、好奇心を持ち続けることがとてもできません。好奇心自体がほとんどなくなってしまい、もっと好奇心を持って溌剌と行動していたときの記憶すらなくなってしまったかも知れません。

さらには、好奇心が強く、実際にそれにしたがって行動した結果、問題を起こした人もいるでしょう。決して悪いことではなく、停滞した社内を明るくしたり、新しい風を吹かしたりするようなことだったかも知れません。

こちらが悪いのではなくむしろ褒められるべきときに、変わりたくない上司や先輩に「余計なことをするな」と言われたり最悪の場合は昇給・昇格が遅れたりしたため、会社というのは決してよいことだから通る、というものではないという痛い学習をしたかも知れません。

こういう場合は、好奇心を持って行動する前提の、自由な発想、自由な感情が押し殺されてしまいがちです。

私たちにできることとして、自分がどういう状況なのかを理解し、阻害要因の取り除き方を考える必要があります。本来は、上司や会社が、一人ひとりの意見と自主性を尊重し、イノベーションを起こしやすい組織運営をすべきなのですが、それがあまり現実的ではないのは、よくご存じの通りです。

であれば、この本を今読んでおられる皆さんは、ご自分の好奇心の度合や変化について考えてみて、前ほどの好奇心を持てなくなっている原因や問題点を探ることで、自然にそれを解決しようという気を持てるようになっていくかと思います。

大人になっても好奇心を忘れない人がときどきいますので、そういう方に接すると、大いに刺激を受けます。好奇心を維持し、仕事もできる上に型にあまりはまっていない方々ですね。「型破りの」という形容詞がつくこともよくあります。

好奇心には伝染力があるので、好奇心が弱くなってきたなと思う方は、ぜひとも彼らにお願いしいろいろ理由をつけてなるべく多くの時間をともにしてください。好奇心が自然に再注入され、復活していきます。

やってみることが楽しい

好奇心を再び持てるようになると、「何かやってみること、そのものが楽しい」という境地が戻ってきます。特別な人だけではなく、誰でも感じられると思います。つらいことがあったとしても、きっと変わっていきます。

過去数十万年、人類がここまで発展したのは、皆生まれながらに強い好奇心があり、学習能力が高く、創意工夫をし続けることができたからです。私たちが生まれながらに持っている能力、資質です。赤ちゃんには息を吸うよう誰も教えないのに、生まれた瞬間からできるようなものです。「遊び」も同じです。遊ぶよう、誰かが教えるわけではありません。

本来、何かやってみることが楽しい状況では、心の余裕がありますし、前向きで次々にチャンレンジできるようになっていきます。

そういう気持ちのときは、実力が余すところなく、発揮されます。自分の力が出やすくなるからです。

でも、実力っていったい何でしょうか。プロ野球やプロゴルフなどでは、実力がすべて実績と数値で表現されます。日本シリーズや、マスターズで優勝すればその実績が燦然と輝きますし、あらゆる数値で表現できます。

ところが、私たちのほとんどの仕事にはそういったものがありません。自信を持って取り組めば多くの場合はよい結果につながりますし、自信がなく、逃げ腰なら結果は最初からはっきりしています。

なので、余計に、「何かやってみることが楽しい」という状況を作って身を置くことが必要です。

心の迷いをなくす方法

心の迷いをなくす方法があるのか、というのは永遠の課題だとこれまで考えられていたかも知れません。多くの人がそれで悩んできました。悩んでも悩んでも、迷いが減らずむしろ深まってしまう、という経験を多くの人がしてきたことでしょう。

ただ、私にこの質問をされたら、「あります」と答えます。それは、「迷い」の理由の多くが、次のようなものだからです。

●迷いの理由

❶ 何を迷っているのか、実はよくわからないことがある
❷ 迷いの本質をわかっているつもりでも、正確に書き出してはいない
❸ 迷っている以外に、何となく気分が悪い、気持ちが沈む
❹ 迷っているというからには選択肢が重要だが、それが実ははっきりしない
❺ それらの選択肢をどう絞りこんでいいのかがよくわからない
❻ 上記の結果、悩んでいるという状態に甘んじている

❼もっと言うと、悩んでいるという状態を実は楽しんでいる場合もある

❽悩んでいると、誰かにかまってもらえて「悩んでいる自分」に安住しがち

こう考えると、悩みの全部とはいいませんが、かなり多くの悩みは、誤解を恐れずに言えば、「一人遊びしている」「自分の悩みを解決しようとしているというよりは、悩みのバスタブにつかって、リラックスしている」とも言える状況ではないでしょうか。

だとすれば、それを解決する方法も考えられます。それは、

●解決方法

❶頭を整理する

❷悩みを明確に表現する

❸取り得る選択肢を明示する

❹選択肢の選択基準を明示する

❺選んだ選択肢へのアクションを決めて、行動する

といったステップを踏むことです。私たちの頭は多くの場合、モヤモヤしていて何が課

題なのか、今悩んでいるのか、実はもっと悩みたいのか、真剣に解決したいのか、よくわからない状況です。

その点は、『ゼロ秒思考』(ダイヤモンド社刊)という本を2013年に出し、もやもやを一件一葉で短時間に全部書き出す、というやり方でメモ書きをすると大幅な改善ができることを多くの方に経験していただきました。本は『ゼロ秒思考』シリーズで計27万部、海外でも中国、台湾、韓国、タイで出版されています。巻末の付録1でもう少し詳しくご説明させていただきます。

変化できると自信が湧く

ここまで読んでいただき、ありがとうございました。変化できるようになり、必要に応じて変化するようになると、人生が大きく変わります。肩肘張って生きる必要がないことがわかり、いつもリラックスして行動できるようになります。

リラックスして行動できると、自分の力を空回りせずに発揮でき、成功体験が次々に生まれます。成功体験が続くと、「そうか、自分は結構できるんだ」「頑張ったらいいことがあるんだ」「結構、自分の意思でリードできることもあるんだ」「思ったよりいろいろできるなあ」ということで、自信が湧いてきます。

本来、幼少期に親から愛情豊かに育てられ、褒められて育っていると、自己肯定感が自然に備わり、自分に自信を持てるようになります。12歳くらいまでにそういった安定感のある家庭で育ち、人を信頼してもいいということが肌でわかるようになると、何ごとにも自信を持って取り組めるのですが、そうできない人が多いのも事実です。

この本でご紹介した内容を実践していただくと、そういった方にも、きっと自信を持っていただけるようになります。自信がどんどん湧いてきます。

自信が湧いてくれれば、変化することはもちろんたやすいですし、なりたい自分になれ、今後の仕事もプライベートも、有意義で快適に取り組んでいただけるものと思います。

＊　＊　＊

本書を読まれた感想、質問をぜひ私あて（akaba@b-t-partners.com）にお送りください。すぐにお返事させていただきます。

また、読者のコミュニティをFacebookグループ上で作っています。『変化できる人』で検索していただければすぐに見つかります。

活発な議論をしていますので、ぜひご参加ください。

付　録

付録①

迷いをなくす『ゼロ秒思考』のA4メモ書き方法

仕事やプライベートで悩みがあり、もやもやしていると、変化への第一歩を踏み出すことができません。迷いが体をがんじがらめにしてしまうからです。

これまで悩みを減らす方法、もやもやを減らす方法はたくさん提唱されてきましたが、なかなか効き目を体感することはできませんでした。

それに対して、私は、悩みやもやもやを全部A4用紙に書き出すことで、誰でも本来の頭のよさを取り戻せる画期的な方法を2013年出版の『ゼロ秒思考』でご紹介しました。数十万人の方がこのA4メモ書きを試し、大きな効果を実感されています。

やり方は簡単です。

Ａ４用紙を横置きにし、左上に浮かんだテーマ、右上に日付、本文は４〜６行、それぞれ20〜30字ずつ書くだけです。

ここまでは普通のメモとあまり変わっていませんが、これを頑張って、１ページ１分で書くこと、毎日10〜20ページ、頭に浮かんだときに書くことが、最大のポイントです。

そうやって書くことで、頭の中でもやっとしていたこと、嫌な思い、なんでこうなるのという気分の悪さなどが目の前の紙に書かれていきます。

目で見ることで、それが何であるか、はっきりと認識され、愚痴の連続ではなく、課題として理解されるようになります。

課題が理解されると、私たちの頭、心は不思議なほど、それを解決しようという考えにいたります。ヒトは、そのように前向きに生きることができるように進化してきたようです。

Ａ４メモに書く、という行動を別の視点から見ると、頭の中身を全部目の前に書く、ということです。もやもやとした気持ちを言語化するともいえます。

頭の中だけで、もてあそぶ、あるいは苦しむのではなく、感じた瞬間にささっと目の前の紙に書き出すことで、明確に認識して前に進む勇気が生まれるのです。

それを繰り返していると、もやっとした瞬間に整理し、どう行動すべきかまで目に浮かぶようになります。

究極の姿として、瞬時に、つまりゼロ秒で考えることができるようになります。それが『ゼロ秒思考』という題名のいわれです。

もやもやとは少し違いますが、現実的に多いのが、「何がわからないのか」がよく見えていないケース。普段、何か疑問点が生じたときに「なんでだろう」とすぐに考える習慣が身についていればいいのですが、多くの人は放置しがちです。

そうすると、その人の本来の力が発揮できず、だんだん「何がわからないのか」もよく見えなくなったり、考えなくなったりします。頭の中が〝かすんできた感じ〟になります。

余談ですが、この『ゼロ秒思考』のA4メモ書きは、「アクティブ瞑想」ともいえる行動ではないかと勝手に考えています。

瞑想は、今、大いに注目され、欧米では、「マインドフルネス」という言葉で小学校や大企業、ベンチャーなどでも広く取り入れられています。心が落ち着き、集中力が増すためです。ただ何もしないで瞑想し、集中することは、それほど簡単なことではありません。

ところが、『ゼロ秒思考』のA4メモ書きは、1ページ4〜6行、各20〜30字を1分で書く、という中で、ある種のトランス状態になり、頭に浮かぶことをどんどん書き出していくようになっていきます。

「え？　私、こんなことを考えていたんだ!」という発見をされることもよくあります。

何もしない、ではなく、「必死に書く、心に浮かんだものをひたすら書く」というステップが、実は、瞑想に近い状態を生み出してくれているのではないか、という仮説です。

● A4 メモ書き例

何かをやり遂げた記憶がなく、最後までやれるかどうかわからないのはどうすべきか　2015-4-1

- いつまでもそういうことを言っていてもしょうがない
- 今回、やり遂げる経験をしてみたい。何とかなるのではないか
- 最後までやりきれなくても、トライしてみる価値はある
- 意外にできてしまうこともあるかも。一人ではなく、仲間を探そう

プロジェクトメンバーそれぞれが持つ心理的ブロックを超えさせるには　2015-4-20

- Bさんは前の自分と同じで、
  やったことがない仕事に拒否感を見せる
- Cさんは、なぜかともかく自分に自信がない
- Dさんは、一応順調だが、他の人と交わろうとしない
- 自分も同じだったので、他の人ともっと交流する場を作るのがいいのでは？

※『1分書くだけ 世界一シンプルなこころの整理法』（朝日新聞出版刊）より

付録

②

選択肢を明確にして迷いをなくすオプション作成方法

「オプション」とは、取り得る選択肢を3〜4個挙げ、比較評価する方法です。評価基準を4〜5項目決め、◎○△×で評価します。

例えば、「上司のパワハラがひどいのでどうすべきか」であれば、選択肢は「人事部に相談する」「上司の上長に相談する」「同僚で仲間を作ってパワハラ上司に改善を要求する」「仕事のやり方を変えてパワハラ上司に気にいられるようにする」などがあります。

取り得る施策をもれなく挙げるところがポイントです。それらを、「効果的か」「早めに結果が出るか」「リスクがないか」「自分としてやれるか」といった4つの評価基準で◎○△×の評価をし、総合評価をします。

簡単そうですが、頭の整理には大変役立ち、方向が見えてきます。

「オプション」を状況に応じて素早く使えるようになると、「ああ、もう、どうしたらいいかわからない！」「どうしたらいいかわからないから、ただ我慢するしかない！」ではなく、全体観を持って冷静に考え、躊躇することなく必要なアクションを取れるようになっていきます。

●オプション例

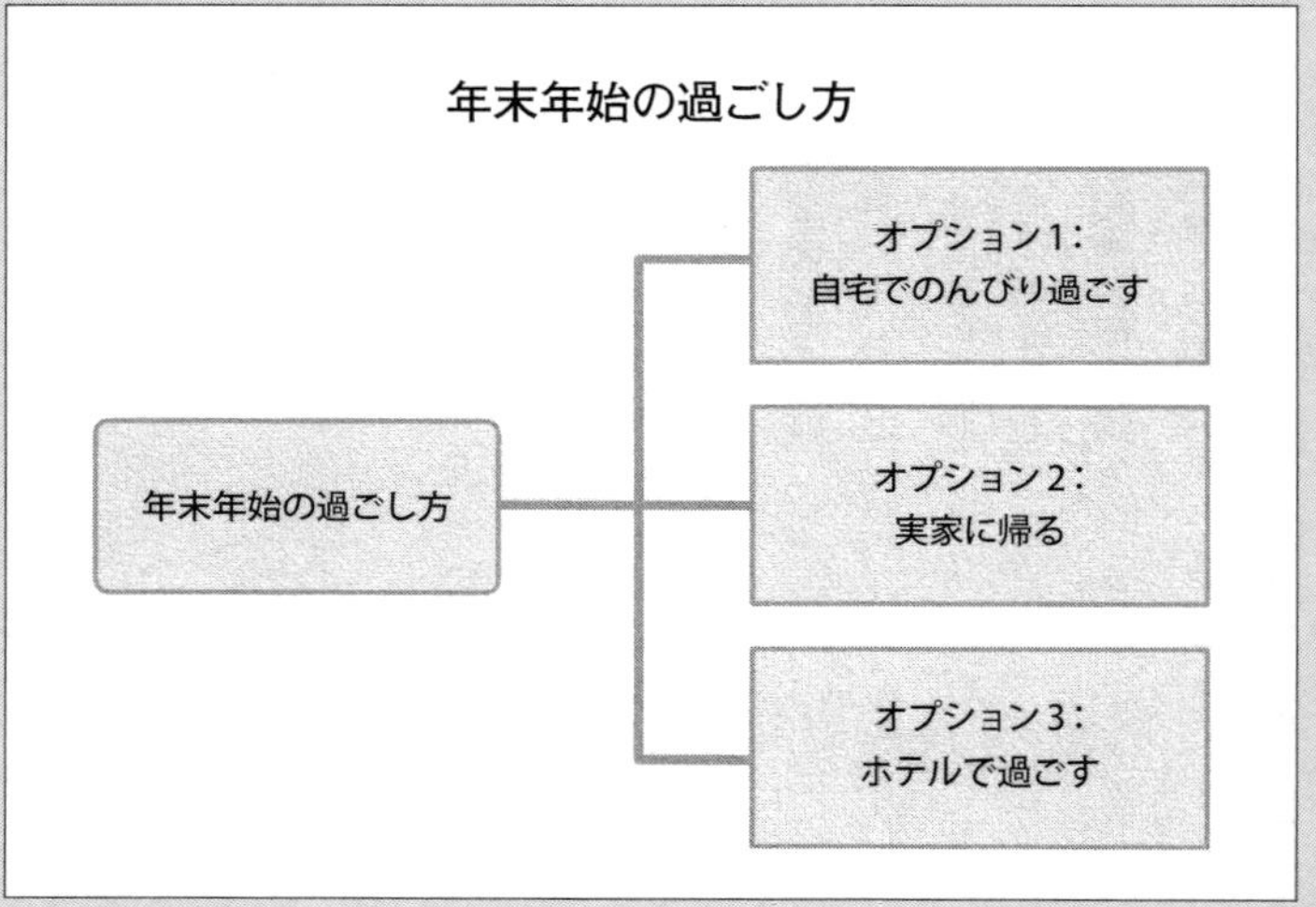

年末年始の過ごし方

	楽しさ	目新しさ	親孝行度	費用の小ささ	総合評価
オプション1：自宅でのんびり過ごす	△	△	×	◎	6△
オプション2：実家に帰る	△	△	◎	○	8○
オプション3：ホテルで過ごす	○	○	×	△	5△
オプション4：国内旅行に行く	◎	○	×	△	7○
オプション5：韓国などの格安海外旅行に行く	◎	○	×	△	9◎

※『ゼロ秒思考［行動編］』（ダイヤモンド社刊）より

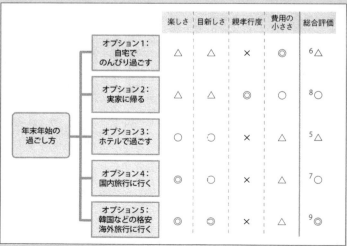

付録
③
15分で視野が広がり柔軟性が上がるロールプレイング

ロールプレイングというのは、役割を決めて、お互いその役になりきって演じることでいろいろな発見をするために実施します。私は、内外のワークショップでロールプレイングを多用し数多くの工夫をする中で、「15分で視野が広がり、柔軟性が上がるロールプレイング」を編み出しましたのでご紹介します。

方法は非常に簡単です。

・「変化することに抵抗を感じ、新しいやり方に思うようにチャレンジできない人(Aさん)」
・「その人が尊敬している友人で、柔軟性があり、新しいやり方にも躊躇なく取り組める人(Bさん)
・「オブザーバー」

の3人でチームを組みます。

次の3ケースのうち、どれを選ぶかをAさんが決めます。
ケース1：Aさんには変わろうとしてできなかった過去があり、怖じ気づいている
ケース2：Aさんは特に失敗体験があるわけではないが、自分でも頑固だと思っている
ケース3：Aさんは変わろうとは思っているが、背中を押してほしいと思っている

Aさんがケースを指定すると、Bさんはその設定に合わせて演じます。オブザーバーは、ロールプレイングの間、発言をせず、2人のやり取りを観察して、気づいたことを3、4点メモしておきます。

ロールプレイングは3分で行います。選ばれた設定に合わせ、BさんがAさんを励まして、チャレンジしようという気持ちになってもらうことが目的です。

3分したら、フィードバックタイムということで、2分間、フィードバックをし合います。

まずはオブザーバーが両者を観察して気づいたことを説明します。効果的だったかそうでもなかったか、どこかで急に納得度が高まったように見えたか、あるいは態度が硬化したか、どこはもう少し押すべきだったか、などですね。その後、Aさん、最後にBさんが感想を述べます。

これで第1ラウンド終了です。終了したら、ただちに第2ラウンドに入ります。3人を上から見て時計回りに一人ずつずれて、Aさん役、Bさん役、オブザーバー役になります。新しいAさん役の人がケースを指定して、3分間のロールプレイングを開始し、終了後、2分間のフィードバックタイムを実施します。それが終わったら第3ラウンドに入ります。

こうやって進めると、合計15分で全員がAさん役、Bさん役、オブザーバー役の3つを経験するので、視野が広がります。なぜチャレンジできないのか、という気持ちも以前に比べてはるかに深く知ることができます。

もともと頭が固く、躊躇していたような人も、ケースを選ぶ中で自分とは少し違う状況を感じたり、自分には無理だと思っていたのに躊躇する理由がそこまであったのかを感じたり、説得する側に回ることで自分のこれまでの態度が周囲の人にどう見えるのかを改めて感じたり、オブザーバー役になったとき自分のこれまでの姿勢が第三者的に見てどう見えるのかという発見があったり、多くの気づきを得られます。

自分は比較的柔軟だと思っていた人も、Aさん役になって自分にも意外に頑固なところがあったり不安に思って頑なだったところがあったかも知れないと気づいたり、説得する側に立ったときにこう言えばもっと効果的なのかなという発見があったり、オブザーバー役になったとき人の気持ちやコミュニケーションのあり方について新たなひらめきがあったり、多くの気づきを得られます。

オブザーバー役になったとき、多くを学ぶことができます。理解を深めていただくため、オブザーバー役はいかにもありそうでいながら、実際にはほとんどあり得ない立場だということを少しご説明させてください。

上記のような状況でのAさん、Bさんのやり取りを観察することはもちろんなくはありません。ところが、Aさん、Bさんの状況をよくわかっているかというと、そうでもありません(Aさんの状況がケース1～3のどれかはそこまで正確にわかりません)。

両者のやり取りを真横で子細に観察することも普通はあまりできません。内容によっては「おまえ、何なんだよう」ということにもなります(聞き耳を立てる、ということはあるでしょう)。

さらに、そのやり取りの後、両者に客観的にフィードバックすることは、実際にはほぼ皆無だと思います。ということで、オブザーバー役はこのロールプレイングの中だけで存在し得る貴重な立場だと考えています。

3人が三つの役割を短時間で交代する点も大きな特徴です。ある役を演じると多くの発見がありますし、かなり多くの場合、ある役になったその瞬間にいろいろなことがわかります。「あ、そうだったのか、そういうふうに感じるのか」「そういうふうに見えてしまうのか」というような感じです。ある意味、雷に打たれたような発見があることもあります。

この「5分3セットロールプレイング」をぜひやってみてください。友人や同僚2人にお願いして3人集まればすぐにできます。

内容、ケースを少し変えて、「頑張ってチャレンジを始めたものの諦めそうになっている友人を励ます」とか、「最後まで抵抗していたものの、周囲の人が変わり始めたために取り残されて焦り始めた友人を叱咤激励する」なども実施すると本当にいろいろなことが見えてきます。もし6人集まれば、3ラウンド実施して次のケースに取り組む際にメンバーも入れ替える、とさらに刺激があります。

私は、日本やインドの大企業の経営改革に取り組んでいますが、最大で300人同時にこのロールプレイングを実施しています。300人なら100チーム、60人なら20チーム同時に上記のロールプレイングを実施することができ、意識・行動を変える上で非常に大きな効果があります。

通常は、A4メモを4、5ページ書いていただき、次にアイデアメモを2ページ書いてお互いに説明し合った後、上記のようなロールプレイングを少し内容を変えて2度実施すると、わずか1時間弱で、300人の人の意識・行動にかなりの変化が起きます。もちろん、500人いても1000人いても全く同じように実施できます。

付録
④
人への接し方の改善で、実は自分が大きく変化できるポジティブフィードバック

人への接し方を改善することで、実は自分が大きく変化できる方法があります。それは、常にポジティブフィードバックをすることです。

ポジティブフィードバックとは、他の人とのやり取りを明るく、ポジティブなトーンにすることで、コミュニケーションをスムーズにしてくれるやり方です。

むしゃくしゃして気分が悪いとき、相手が何か気にいらない言動をしたとき、どうしても相手を否定するようなネガティブな言い方をしてしまいがちですが、それでいいことは何もありません。やる気を削いだり、さらに落ちこませたり、うるさがられて避けられたり、嫌われたりするだけです。

ポジティブフィードバックは、そういう問題をすべて根元から絶ちます。誰でもすぐに効果を感じることができます。

ポジティブフィードバックのやり方は、状況によって若干異なりますので、それぞれご説明します。

まず、「よい結果」に対しては、大きく褒めます。遠慮、躊躇なく褒めることがポイントです。褒めすぎると相手が図に乗るのでは、次からサボり始めるのではなど、余計なことを考える必要はありません。手放しに褒めつつ、「上から目線」にならないよう、感謝の気持ちを心から伝えます。

次に、「ちょっとしたよい結果」に対して、それが大したことはないからと考えず、躊躇なく褒めます。照れずにその場で褒めることが大切ですが、日本の男性の多くはこれが苦手で、せっかくの褒める機会を逃しているのがもったいないと思います。

結果がいまひとつでも努力・プロセスがよい場合には、「頑張ったね！」と、まずはねぎらいます。努力に対してきちんと感謝するためです。

最後に、結果が悪かったときが肝心ですが、「今回はうまくいかなかったけれど、次はこうすればうまくいくよ。大丈夫だよ」と励まします。自分は腹が立っても、それをコントロールしてうまく隠せるから大丈夫だという方がいらっしゃると思いますが、隠し通せることはまずないと思います。どうしても、相手を傷つける言葉やボディランゲージを発してしまいます。

皆さんも、何かをしくじったとき、ご自身の上司の怒りをひしひしと感じたことがあるのではないでしょうか。それと同じで、自分の怒りを隠すことはできないのです。

こういうポジティブフィードバックを続けていると、人との関係が劇的に変わっていきます。それが自分の心にも反映されて、心の余裕が生まれます。心の余裕は、自己肯定感を強化し、自分への自信につながります。

自分への自信が生まれると、変化することへの緊張感が減り、チャレンジしようと思うと、前ほど躊躇せずに動けるようになります。

人へのアプローチを変えることで、自分自身が変わるって不思議ですね。でも、本当です。

Good Job!!!

付録
⑤

聞き方の改善で、実は自分が大きく変化できる上、味方を増やせるアクティブリスニング

人と接触する上で、相手の話を丁寧に聞く姿勢がとても重要です。相手の話をきちんと聞かなければ、相手が何を求めているのか、何が問題なのか、どうすべきかわかりません。

ところが、多くの人は、そもそも相手の話を全く聞かずに勝手に進めたり、話の腰を折ったり、丁寧に聞かなかったりしがちです。また、聞いたとしても、ただ聞くだけで、確認や深掘りのための質問をあまりしないようです。

アクティブリスニングとは、「真剣に相手の話を聞く」ことです。相づちを打ちながら、相手の目を見ながら、本気で関心を持って話を聞きます。他のことを考えていたり、早く終わらないかななどと思っていたりするのは論外です。

効果的なアクティブリスニングをするには、三つのポイントがあります。

第一に、真剣に聞き、話し手の言わんとしていることの100％理解を目指します。おとなしく座ってただ聞く、というのとは違い、話し手に集中して、発する言葉を完全に追います。日本語ならそれほどむずかしいことではありませんが、一言一言に注意して、すべて書き留められるくらい集中して聞くことがポイントです。一言ももらさず聞こうとする迫力が相手によい印象を与えますし、その真剣さの中から自然に質問したいこと、確認したいことが生まれてきます。ぼ〜っとして聞くのとは、理解の深さも話し手との関係も違ってきます。

第二に、可能な限り、メモを取ります。メモを取ると失礼に当たることがまれにありますが、そういう場合は雰囲気でわかります。例えば、「ここだけの話」「オフレコだけど」というときは、当然ながらメモを取れません。メモを取っていたときは、すぐにペンを置きます。

それ以外で、仕事上で問題になることは、ほぼありません。会食時など、大きな手帳やA４用紙を広げることがやりづらい場合でも、小さな手帳や4つに折りたたんだ紙を使います。

私は、A４用紙を横置きにして、左側に上から下まで、その後右上から下まで、箇条書きで詳しく書きます。すべての要点を書き留めるつもりで書いていきます。

話すスピードと書くスピードは違いますので、一字一句書き留めることはできませんが、「あのう」「それでさ」「あのときは」「どうだったっけなあ」といった言葉は書く必要がありませんので、何とかなります。

私は、素晴らしいお話を聞けたとき、帰りの電車の中で前に述べたA４用紙の左右に箇条書きで5~7ページほども書くことがあります。最初のうちはむずかしいと思いますが、そのつもりでやっていれば、できるようになります。字が出てこない、ということもなくなります。基本はすべて正しい漢字で書きますが、「憂鬱」など画数が特別多い字などは、ひらがなで書く場合も例外的にあります。

第三に、しっかりと聞き、書き留めながら、よくわからないところ、もっと深く知りたいところが出てきたら、あまり遠慮なく質問することです。「質問しすぎ」はよくありませんが、質問せずに理解不足のままいることのほうが、もっと問題です。

質問が重要な理由が、もう一つあります。

最初からまとまって過不足なく話せる人は、ほとんどいません。言葉が足りなかったり、表現がややあいまいだったりしていることのほうが、多いと思います。そうすると、こちらも深くは理解できませんし、そもそも話し手が話すべきことを話してくれていない、という状況です。聞かなければ、本当に大切なことにふれてくれないことも多くあります。

本人が気づいていないことや、うっかりそこまで話さなかった、ということですね。無意識にそこにはふれないでおこう、ということも結構あります。

その点に過剰に遠慮することなく、ただ、決して図々しくはなく、丁寧に、誠実に質問することで、話し手本人にも多くの気づきが生まれることがあります。「いろいろ聞いてくれて、本当にありがとう。忘れていたことを思い出しました」とか、「そういえば、こういうこともありました」とか、「改めて考えてみると、こういうことですね」などとなります。

こういった素晴らしい効果を持つアクティブリスニングですが、実はそこまで簡単ではありません。話す相手、トピックに関して関心を持たなければ、きちんと聞くことができないからです。

聞いたふりは、もちろんできます。真剣な顔をして聞き入り、しかもときどきうなずいていれば、頭の中で他のことを考えていてもばれないだろうと思われる方もいらっしゃるでしょう。

ただ、人の感覚は鋭いので、そのようなふりをしても、相手には伝わってしまいます。本気で聞いていないことが、相手にはわかってしまいます。ごまかすために質問をしたとしても、質問に心がこもっていません。きちんと理解したい、深く知りたいという迫力もありません。

では、どうしたらいいのでしょうか。

答えは一つしかありません。それは、相手に対して関心を持って接するのです。関心を持って接していれば、相手への本気度が伝わります。こちらも本当に深く理解したいと思えば、的確な質問もどんどん出てきます。こういう場合はどうか、自分はどうすべきか、というふうに一歩進んだ質問も出てきます。そうして初めて、話している方にこちらの気持ちが伝わり、さらに元気を得て話をしてくれることになるのです。

こうやってアクティブリスニングを徹底すると、相手を肯定して話を聞くことが自然体でできるようになるので、実は自分が大きく変化できる上、味方を増やすことにもつながるのです。相手の話を引き出せたという自信、相手が喜んでくれたという手応え、他では聞けない話を聞けたことでの知恵、話をしっかり聞いてくれた人を好きになり、応援したくなるという人の気持ちが、実は私たちの変化を大きく後押ししてくれるのです。